Ⓢ新潮新書

MONOE Jun

デマ・陰謀論・カルト

スマホ教という宗教

972

新潮社

はじめに

ネットが、人を殺人へと駆り立てる。

安倍晋三元首相が凶弾に倒れた今、そんなことを想起せずにはいられません。

武器となった拳銃の材料や製造法、標的となった安倍元首相のスケジュールは、ネットを通じて入手したうえに、容疑者を凶行に向かわせた歪《いびつ》な世界観の形成にもまた、ネットが手を貸してしまったのです。旧統一教会に家庭を壊され復讐を誓った山上徹也容疑者は、教団のフロント組織（隠れ蓑）の集会に寄せられた、安倍元首相によるビデオメッセージをネット上で視聴したころ、殺害を決意したと供述しています。これから本書で記していくように、ネットの危険な性質が容疑者に与えた影響は計り知れません。

また、容疑者は岸信介元首相が教団を日本に招いたという認識の下、岸の孫である安倍元首相も教団を支援していると考え殺意を抱いたようです。が、当初の標的であった教団幹部を狙うのが困難だったとはいえ、そこから安倍元首相に殺意が向けられたという話には論理の飛躍が見られます。二〇二二年七月現在、同様の疑問を呈する有識者・元信者は多く、謎は深まるばかりです。

一方、こうした突飛で不可解な話は、ネット上ではよくあることです。そう遠くない未来、ネットが凶悪事件の引き金を引いてしまうケースが増えるように思えてなりません。現に、ネット上で支離滅裂な世界観を形成した反ワクチン団体のメンバーが、ワクチンの接種会場やクリニックに押しかけ逮捕されるという事件が生じています。諸外国でも、ネット等を通じ過激な思想を有した結果、単独でテロ事件を起こすに至るローンウルフという存在が問題視されています。武器や標的の情報だけでなく、人に殺意を与える思想・世界観までもが、ネットによってもたらされる時代に日本も突入したのです。

そんなネットの世界は、ここ数年でますます混沌としてきました。新型コロナ禍にて、ついついスマホを手に取る時間が増えがちな今日、言いようのない奇妙な違和感を覚えている方もいらっしゃるでしょう。

コロナワクチンは人口削減計画のために作られた。国会議員や芸能人はゴムのマスクをかぶったゴム人間ばかり。トランプ大統領率いる光の銀河連合が闇の政府と戦っている。ロシアとウクライナは戦争なんてしていない……。こんな理解不能な言葉を喚き散らす人々が、いつの間にかネット空間に増えているのです。ツイッターで「ワクチン人口削減」とか「ゴム人間　政治家」と検索してみれば、もはや病的としか言いようのない奇天烈なつぶやきをする人々が次から次へと見つかります。そうかと思えば、「命をかけて新時代の地球のために戦いましょう！」「光の戦士たちとともに立ち上がろう！」といった、まるでドラゴンクエストに異世界転生したような人々もそこかしこで発見できます。私たち人類は、どうかしてしまったのでしょうか。ツイッターで色々と検索をすればするほど、なんだか不安になってきます。

一方、誰でもネットにアクセスできるようになった結果、病的な人たちが可視化されただけなので心配無用という意見もあるかと思います。実際、スマホ普及率の急激な上昇には目を見張るものがあります。

ＮＴＴドコモ　モバイル社会研究所が実施した『２０２２年一般向けモバイル動向調査』によると、二〇一〇年には四・四パーセントに過ぎなかったスマホ普及率は、二〇一五年には五一・一％となり、そして二〇二二年には九四・〇％にまで達しました。また、『情報通信白書令和三年版』によれば、十代から六十代が平日にインターネットを使う時間の平均値は、調査を開始してからはじめてテレビの視聴時間を超えています。

要するに、今やあらゆる人がスマホを使いネットにアクセスする時代なので、それだけ変な人たちが目につくようになったというわけです。

しかし、そんなふうにはどうしても思えません。偏狭な世界観に染まった人々とのネット上での対話はもちろんのこと、リアルな世界における彼らとその家族・友人の声を聞き、そして彼らを知るうえで必要不可欠なカルト宗教・スピリチュアル（精神世界）・オルグ（宣伝・勧誘活動）等について理解を深めれば深めるほど、彼らは異常な人ではないと考えざるを得なくなったのです。彼らが有する世界観は異常ですが、彼ら自身は正常だということです。言い換えれば、ごくありふれた普通の人が、ちょっとしたキッカケや偶然により異常な世界観を有してしまうわけです。

そう、この現象は決して他人事ではありません。私たち一人ひとりの問題なのです。たとえば、ついついSNSにアクセスしてしまう占いに関心のある女性。占い好きでネットに頻繁にアクセスするならば、ネットに蔓延る特異なスピリチュアルに魅入られる可能性が高くなります。そしてそのスピリチュアルは、ネット上の偏狭な世界の入り口の一つになっているのです。

新型コロナ禍で相次いだ芸能人の自殺に違和感を覚え、その真相を探るべくスマホを手に取れば、たちまち奇矯な世界に足を踏み入れること請け合いです。きっと、奇々怪々な推理の数々を目の当たりにすることでしょう。「〇〇　自殺　理由」といった不穏なワードで検索し、夢中でスマホをいじった経験がある方ならば、既に異世界に触れていると考えてよいと思います。そこには、一般のメディアが報じていない「裏の事情」が山ほど書かれています。

不安やトラブルを抱えたり、自分や家族が難病を患ったりしたときにもまた、その入り口は近づいてきます。藁にもすがる思いの弱った人々に対し、既存のカルト宗教が忍び込んでくるのと同じ構図です。

スマホを使いだしてそれほど時間が経っていない方は特に危険です。ネットの恐ろしさを知らずスマホを利用するのは、丸腰でサバンナを散歩するようなものだからです。ネット空間は、人の心を支配してしまう仕組みであふれており、今日もまたどこかで誰かが異常な世界に引きずり込まれているのです。ネットにアクセスする前に、護身術を身につけなくてはなりません。

彼らを小馬鹿にしている方々も安心できません。カルト宗教の信者を論破しようと物見遊山のように出かけた結果、自分自身が染まってしまったという事例は珍しくないからです。京都府立医科大学を卒業し医師となった、オウム真理教事件の中川智正元死刑囚もまた、オウム真理教の教祖、麻原彰晃による空中浮揚のインチキを暴いてやろうと出向き信者になってしまった一人でした。

死刑確定後に中川元死刑囚と面会した、化学・生物兵器の世界的な権威であるアンソニー・トゥー氏の言からも、彼の優秀さが伝わってきます。医師でありながら化学に造詣が深く、まるで化学者のような印象だと評し、その優れた頭脳と人格を賞賛しているのです。中川元死刑囚が全く専門外の爆弾まで製造した件については「中川さんは何でもできるのですね」とまで述べて感服しています。卓越した知性・論理性を備えた人間でさえ、非論理的に過ぎる世界観とは無縁ではありません。

それでは、なぜ普通の人々がそのような奇天烈な世界に魅入られてしまうのでしょうか。ごく普通の人ばかりか、中川元死刑囚のような知的エリートでさえのめり込んでしまうのは何故なのでしょうか。

その答えの一つを、ここで先取りしておきます。それは「現代人にとって、あまりにも魅力的だから」の一言に尽きます。異世界に染まり切った途端、人生は光り輝くとともに幸福感で満ち足りることでしょう。そう思えてしまうほど、その世界にのめり込んだ人々は充実し気力であふれているように見えます。

　この異常な世界は、まるでヒーロー映画やロールプレイングゲームのようにできています。凶悪で手ごわい敵を倒すべく立ち上がった同志とともに幾多の苦難を乗り越え、日夜ネットの内外で活動をするのです。熱い使命感を胸に宿し、世界や日本のために仲間と突き進むわけです。

　しかも、この世界には神様のように崇め奉られるリーダーやインフルエンサーがいます。皆とともに心から信じる神に祈り、神から発せられる言葉に胸を打たれ涙し、そして明日への活動の糧にするのです。生きる意味・心地良い居場所・かけがえのない仲間・そして心酔できる神のような存在まで揃っていれば、異世界での生活は充実するに決まっています。このようなスマホの普及とともに広がった脱世俗的な世界観のことを、本書では「スマホ教」と呼ぶこととします。この宗教を信じることで、多くの人々は救われているのです。

　しかし、そんな素晴らしい夢はいつか覚めてしまい、世俗に戻ることを余儀なくされることでしょう。どれほど心地よくとも夢は夢なのです。が、ひとたび異世界に移住してしまうと、往々にして世俗に住む人々との間に決定的な亀裂が生じています。「ワクチンを打つと二年以内に死ぬから絶対に打たないで！」「ワクチンを推奨するおまえはDS（闇の政府）の手先だ！」などと幾度となく訴えた結果、家族や友人と離婚・絶縁になったり、すっかり世俗での居場所を喪失しているのです。ある一時、素敵な夢を見られた代償はあまりにも大きい。そして何よりも、そんなうたかたの夢に振り回された家族や友人からすれば、迷惑以外の何物でもありません。

読売新聞の特集『「ワクチン打つと体から毒出る」陰謀論へ傾倒、妻は家を出た…［虚実のはざま］反響編』（二〇二一年九月二十六日）でも、豹変した家族との間で大きな亀裂が生じ疲弊する人々の姿が見て取れます。同記事には、自殺した俳優は陰謀で殺されたと訴える妹、東日本大震災やコロナ禍は仕組まれたものと主張し、ネットをうのみにしないよう助言すると怒り出す七十代の母、マスク着用を拒否するＹｏｕＴｕｂｅにはまった公務員の夫といった事例が紹介されています。私の周囲でも似たような現象は生じていますし、皆さんも同様の話は一度や二度、耳にしたことがあるのではないでしょうか。

ここで、本書の見通しを記します。

第1章では、スマホ教徒の奇妙な生態について概観します。闇の政府に属する人々は爬虫類人（レプティリアン）だとし、しかも彼らが苦手だとする松脂を常備することで護身するという、頭がくらくらするような世界観と実態について記したいと思います。

第2章では、ネット上で蔓延る特異なスピリチュアルについて記します。

スマホ教の世界は、スマホ全盛の時代だから興隆した独特のスピリチュアルに強い影響を受けています。ネット上で流行するスピリチュアルを知らずして、スマホ教を理解することはできないでしょう。

第3章では、ネット上で注意すべきことについて、初歩的なものから現代的な問題までを、なるべく網羅的且つコンパクトに解説します。

第4章は、物語の消失がテーマです。人生の方向性を指し示す物語を求める現代人と、それを歪な形で提示してしまうネットについて見ていきます。

第5章では、スマホ教への対抗策について考えていきます。

ネット上の奇天烈な話など、低俗で取り上げるに値しないと感じる方もいらっしゃるでしょうし、実際にそうなのかもしれません。しかし、いくら下らなく思えても、そこに横たわっている問題は根深く、そして今後ますます深刻になっていく可能性が非常に高い。連合赤軍やオウム真理教を生んでしまった歴史がある日本において、同種の存在を生み出しかねないネット空間を、私たちはもっと注視すべきではないでしょうか。安倍元首相が被害者となってしまった痛ましい事件は、これから訪れる新たな脅威を暗示しているように思えてなりません。

＊人物の肩書・呼称等は二〇二二年八月当時のものです

デマ・陰謀論・カルト　スマホ教という宗教——目次

第1章　日本中に光の戦士がいっぱい――スマホ教とは何か

すべては「闇の政府」のせいである

スマホ教とは言っても、そのあり様は色々です。ＳＮＳ上で沢山の信者たちと繋がることで日々交流をするだけのケースもあれば、ネットで得た情報を家族・友人・近所の人々に積極的に伝える方もいますし、ネット上で形成された団体に所属し、街頭でのデモ活動をはじめとした布教に勤しむ人々もいます。なお、既に複数の団体が存在していて、これから本章で見ていくように種々の迷惑行為をしてしまうケースも見られ、問題となっています。

本章は、ネット内外での彼らの様子を知ることが目的ですが、その前にＱアノンとＤＳについて説明しておきたいと思います。

Qアノンと聞くと、後述のアメリカ合衆国議会議事堂襲撃事件を筆頭に、主にアメリカで生じている現象のように思えます。ニュースや新聞で報道されるものの、奇想天外すぎて何が何だか分からない方も多いでしょう。

Qアノン現象は、Qを名乗る人物による匿名掲示板への投稿からはじまったとされています。Qの由来はQクリアランス（機密情報取り扱い資格）だそうです。この資格があるからこそ、Qは人々に知られてこなかった情報を提示できるという図式になります。そして真実とされる曖昧な情報に対し、匿名のネットユーザー（アノン＝名無し）が解釈を加えていくことで、特異な世界観が拡大していったのです。

彼らの基本的な世界観は、DSのようなアメリカを裏で支配する悪者に対し、英雄であるドナルド・トランプが立ち向かうというものです。DSとはDeep State（闇の政府）のことで、要するに表に見えているアメリカ政府とは別に、より強大な政府が存在しているということです。

アメリカ政府だけでなく、DSは実に様々な世界を牛耳っているとされます。政財界の有力者、マスコミ、ハリウッド等、権力を持っていると思しき組織や人物は、あっという間にDS扱いされることもあります。ネットユーザーたちがQやDSについて様々な解釈・推測を繰り広げるため、野放図にどんどん追加されていくわけです。

また、ドナルド・トランプ自身が、敵対する相手や組織に対し、DSの仲間や一部だと非難するように、DSという言葉は一種のレッテルとしても機能しています。反論が難しい批判や追及がきても相手はDSだとすることで、少なくとも同志たちの納得が得られるわけです。DSは巨大な力を持つ卑劣な組織なので、いくら本当らしい証拠があったとしても、それは捏造であるとか、マスメディアとグルになっていると言いさえすれば、ドナルド・トランプは正義であり続けます。

一方、DSの存在を信じている人々からすれば、陰謀論という言葉がまさしくDSの悪事に蓋をするレッテルであり、真実を暴こうとする自分たちへの攻撃に他なりません。大量の証拠をもとにどれほど説得しても、陰謀論のレッテルを貼られ次第、聞く価値のない戯言《たわごと》として扱われることに、彼らは怒りを覚えています。

そんなDSに属する悪者たちは、小児性愛者・悪魔崇拝・人身売買といった行為に関与していると説明されることが多く、完全なる悪として抽象化・先鋭化しています。彼らはグローバリストでもあり、新世界秩序（NWO）の構築に向け、世界の裏で暗躍してきたとされます。一般的に新世界秩序は、世界大戦や冷戦といった世界秩序の崩壊を受け構想されるものですが、それとはまた別の話です。

その一方、トランプをはじめとした英雄たちは完全なる善として見なされ、支持者たちから熱狂的な支持を受けています。

このような構図はエンターテインメントの世界ではおなじみです。ショッカー対仮面ライダー、スペクター対007等々。多くの常識的な現代人は、表に出ていない巨大な闇の組織なんてものを信じていません。

彼らが有する世界観は、教会や聖書のような確たる準拠が存在しないため変幻自在に発展します。国家の機密情報にアクセスできるQが、DSの悪事をはじめとした隠された真実を匿名掲示板に啓示するわけですが、その投稿は謎めいており判然としないため、支持者たちは独自の解釈を強いられ、自ずとストーリーが広がっていくのです。

こうした解釈の連鎖は終わりがありません。ネット空間に拡散された様々な解釈や日々生じる事件を足がかりとし、更に解釈を付け加えるユーザーが次々と現れるため、世界観がどのように発展・伝播していくのか誰も予測がつかないのです。

トランプ大統領がプーチン大統領を高く評価していると考えたためか、ロシアのウクライナへの進軍は侵略ではなく救済行為なのだとする主張も目に付きますし、アメリカで生じた現象のはずが、日本の要人や組織もまたＤＳ側と見なされることもあります。もちろん、こうした世界観は統一的なものではなく、支持者によって違いが見られますし、矛盾が生じている場合もあります。

ここで注意が必要なのは、Ｑの世界観には事実の断片も含まれているという点です。彼らの世界観は徹頭徹尾おかしいと考えるのではなく、事実の断片を繋ぎ合わせたうえで、ネットユーザーたちが膨らませていったものと捉えた方がよいと思います。そうしないと、彼らの世界観に触れ、そして事実の一端を目の当たりにした途端、ずるずると引き込まれかねません。

ただ、その膨らませ方が歪であるため、奇天烈な話がどんどん増えていきました。既にバラク・オバマ、ヒラリー・クリントン、ジョー・バイデンといった面々は逮捕されていて、しかも処刑済みであり、マスメディアに登場する彼らは偽者だといった話に至っては、もはや事実の欠片すらないでしょう。

他にも、何もないところから無尽蔵にエネルギーを生み出せる「フリーエネルギー」や、あらゆる病気を治すことのできる「メドベッド」が開発済みだが、ＤＳによって隠匿されているとする話もあります。ＤＳによる金融支配から解放されれば、量子金融システムが稼働し、もう人類はお金に困らなくなるといった夢のような主張も存在します。借金も帳消しになるそうなので、多額の負債を抱える人からすれば、今か今かと待ち構えていることでしょう。

そんな彼らの世界観は、ネットの外にも大きな影響を及ぼしています。たとえば、トランプ大統領の落選は、DSの不正が原因だとする世界観です。二〇二一年一月六日、この主張を信じた人々が、大統領選の結果の最終認定が行われようとしている議会議事堂に大挙して押し寄せ、窓ガラスを割る等して突入し、銃器を持って襲撃する暴動事件が発生したのです。五人の死者を出したのみならず、「アメリカの民主主義が失われた」とまで言われるほど、大きな衝撃を社会に与えました。

刻々と変貌を遂げるQアノンの世界観は、新型コロナをも取り込んでいきました。コロナの感染拡大をDS側が煽ることによって、トランプ大統領の支持率を下げようとしている、といったものです。自然な流れとして、この世界観には反ワクチン思想も組み込まれやすい。

なお、本書で記す反ワクチンとは、コロナワクチンそのものを絶対悪と見なし、その価値観・世界観を他人にも強要しようとする思想を指します。具体的には、ワクチンは水銀・5G電波で洗脳するためのマイクロチップ・細胞や野生のウイルス・ミュータント化するための組み換え遺伝子配列等々が入った毒物だといった珍説について熱弁を振るったうえに、否定されると怒声で応答するといった、もはや対話が難しくなってしまった人たちが持つ世界観のことです。もちろん、ワクチンの副作用について冷静に考察を重ねている方々や、諸々の事情・判断により接種を見送った人たちはこれには該当しないことを強調しておきます。

「光の戦士」の使命感

Qアノンは欧米だけの現象ではありません。今や日本にも支持者は存在しており、決して対岸の火事ではありません。「優秀な日本人はDSの標的になっている」「安倍晋三元首相と菅義偉前首相はDSの手下である」「アメリカに対する国家転覆罪としてDSに加担した日本の国会議員が次々と逮捕される」といった、QやDS関連の奇天烈な話はいくらでも出てきます。スマホ教徒たちがあちこちで独自解釈を繰り広げるため、こうした妄言は無数に存在しており、そしてそのうちの幾つかがバズる（拡散する）ことで、たちまちスマホ教徒たちのなかで真実となっていきます。なかには、ドナルド・トランプから認められたQグループを自称し、全国各地でデモ活動を展開したり、信者のための村づくりを進めたりする組織も見られます。

本書で言うスマホ教イコール「Qアノン」ではありません。「Qアノン」はあくまでも「スマホ教」の一形態です。「スピリチュアル」「陰謀論」「ネット右翼・左翼」等の世界観が様々な割合でブレンドされ、ネット上のあちこちで色々な集団が形成されています。それ故に一般化するのは難しいのですが、善悪二元論に関しては概ね共通していると言ってよいでしょう。彼らは打倒すべき巨悪があると考えているのです。

誰が正義で誰が悪かなんて、そうそう簡単には分かりません。半沢直樹や水戸黄門的な勧善懲悪の世界に人々は魅入られ続ける一方、現実はもっと複雑であり、白黒がはっきりしない世界であることはご承知のとおりです。裏返せば、だからこそスマホ教の世界は楽しいのです。

この数年、日本では新型コロナウイルスのワクチンに関する陰謀論を唱えるスマホ教が隆盛を誇っています。ワクチンの接種と共に発生したのではなく、以前から存在していたスマホ教が反ワクチン思想を取り込み、急先鋒になっていると見たほうがいいでしょう。ただし、コロナ禍以後に発生したスマホ教については、特にQアノンの影響が強く出ているケースが多いことも付言しておきます。

あるスマホ教の世界では、ワクチン接種を推進する悪を倒し世界を救うべく、日夜作戦会議が開かれています。

たとえば、次のような内容です。なお、本章における以後の具体例は、実際の書き込みを参考としながら、分かりやすい表現・内容に書き換えたものとなっています。

○これまでの作戦過程
・病院一千施設にワクチンの危険性を訴えるビラをポスティング
・ワクチンの接種を行う病院に警告文をＦＡＸ
・五歳以上の子供にワクチンの接種を行う病院に対しＳＮＳを用いた攻撃

次の一手として、皆様には五歳以上の子供にワクチンの接種を行う病院への電話攻撃をお願いしたいと思います。

作戦目標は、当該病院の電話が、今週中鳴りっぱなしになることです。もちろん電話の内容は、五歳以上の子供に対するワクチン接種の反対です。皆様方の声を届けて頂きたいです。

この作戦は迷惑以外の何ものでもありませんが、当の本人たちは正義のために戦っているため、その自覚は全くありません。こうした活動がエスカレートした結果、ここ日本でも、Qアノン系列の反ワクチン団体を名乗る教徒たちが、ワクチン接種会場に押し入って接種を一時中断させるなどして、建造物侵入容疑で逮捕されるという事態も生じています。

（ワクチンの危険性について冷静に考察をする人々は、こうした活動を私たち以上に迷惑がっていることを付け加えておきます。）

正義が攻撃をすれば、敵だって黙っていません。反撃を加えてくるのです。

今日もDSがケムをまき散らしています。

ケムにはナノ粒子のアルミニウム、鉛、酸化グラフェン、水銀といった毒が沢山入っています。吸い込んだアルミニウムは脳に侵入し、アルツハイマーや神経症になってしまうので解毒しましょう。花粉症もケムが原因ですし、偽コロナが流行したのもケムの

せいです。体調が悪くなったら重曹で浄化できます。

ケムとはケムトレイルの略です。空中に長く残留している飛行機雲は、彼らの世界ではDSがまき散らす有害物質ということになっています。ちなみにですが、このケムトレイルは以前から見られた典型的な陰謀論であり、その由来はQアノンとは無関係です。ケムトレイルの存在が示唆するように、スマホ教には様々な世界観が入り交ざっているわけです。

敵たちはネット上にもやってきます。彼らを小馬鹿にしたい愉快犯たちが、昨今大人気のひろゆき氏ばりに論破を試みてくるのです。「それってあなたの感想ですよね」という、今や小中学生たちが真似をして先生や親御さんたちを困らせるフレーズのごとく、論破というよりは相手の感情を逆なでする言葉も投げかけられます。

しかし、そんな愉快犯たちは金で雇われた工作員やDSの手先だと見なされるため、攻撃を受けるほど正義の心は燃え盛る。正義にはいつだって敵が付いて回るのです。言い換えれば、自分たち正義（光）を攻撃する相手は、きっと悪（闇）に違いないと、ごく自然に考えてしまうわけです。そしてそれは、善悪二元論から必然的に導かれる結論でもあります。

さて、善悪二元論の居心地の良い世界がスマホ教の魅力である以上、敵は常に存在しなければなりません。言い方を変えれば、スマホ教団にとっての脅威は、その敵がいなくなってしまうことなので、是が非でも敵を創作し続ける必要があります。

しかしながら、スマホ教の世界には先のような愉快犯たちが敵役を買って出てくれます。なかには疑心暗鬼にかられ、スパイと思しき味方をSNSのグループから強制退会させてしまったり、ツイッター上にて名指しで糾弾したりといった悪手が見られるものの、本来ならばそんなリスクを背負ってまで敵を創出する必要はないのです。物見遊山的に見学にくる多数のネットユーザーが論戦を挑んできますから、彼らを敵と見なしていればよいだけの話です。

一方、敵役の疑似ひろゆき氏たちに論破されたらどうするのでしょうか。スマホ教の世界はガラガラと崩れ去ってしまうように思えます。

しかし、そんな想定は心配ご無用です。仮に論破されたとしても、今度こそ勝利しようとリベンジに燃え、より深くスマホ教の世界に沈潜していくからです。来るべき再戦に備え、一層の情報収集に励みパワーアップすることでしょう。疑似ひろゆき氏による論破は、信仰を揺るがすことはできません。面白半分で彼らを挑発する行為は逆効果でしかなく、厳に慎むべきです。

そもそも、スピリチュアルに深く傾倒するスマホ教徒であれば、疑似ひろゆき氏に負けるなどということはありえません。何故ならば、彼らの主張の正しさは、神や宇宙意思といった大いなる存在が裏付けているからです。

一般的に、事実に何らかの理由付けをすることで結論を導きます。最近交通事故が増えている（事実）→危険だから（理由付け）→いつもより安全運転を心がけよう（結論）といった具合です。

しかし、スピリチュアルに染まり切ったスマホ教徒たちは違います。彼らは事実と事実を直感で繋ぐのです。

ワクチンに入っているナノチップ、5Gテクノロジーは、人間をロボットにして遠隔操作を可能にするためのものです。人を死に追いやる多くの毒も入っています。

しかし、神の命により動いた科学者たちが毒性を和らげたことで、DSによる人口削減計画が滞っています。銀河連合による技術が適用されたようです。ワクチンが毒であることには変わりありませんが、きちんと解毒していけば大丈夫です。

なぜ人口削減計画が進まないのかという問いに対し、神の命とか銀河連合による技術とかを出されてしまっては議論のしようがなく、必然的に論破も不可能です。彼らとしては、スピリチュアルな真実を語っているのでしょうが、我々からすれば全く根拠のない直感を駆使し、強引に事実（彼らが毒だとするワクチンを接種した）と事実（人口削減計画が進んでいない）を直感（神のおかげ）で繋げ、矛盾を解消してしまった構図です。

ただし、ここまでスピリチュアルに染まっているケースは少数派であることも付け加えておきます。こういった論を大筋で信じ、そして拡散する側が多数派でしょう。上手く飲み込めない新米教徒の姿も確認できます。スピリチュアルな新説を主体的に発信する人よりも、そんな人たちを崇めるスマホ教徒や、なんとか理解しようと試みるスマホ教徒の方が多いということです。

事実と直感の間を結びつける根拠は存在していません。いわゆるエビデンスは無いのですが、彼らはそんなことは気にしません。直感ベースでいいのです。それに、そんな直感ベースの論が繰り返し閉鎖空間で唱えられれば、そのうち疑いようのない真実や大前提と化していきます。

このメカニズムは第2章以降で詳しく説明しますが、この直感はただの思い付きやひらめきではなく、神や宇宙意思といった人間より遥かに高度な何かがもたらしたと彼らは考えます。だから、人間の小賢しい理由付けごときでは全く太刀打ちできません。神による英知（裏付け）に対し、たかが人間ごときの理性（理由付け）が論争を挑んだとして、てんで勝負にならないのは当然です。この場合、彼らの主張が非論理的だというよりも、神に勝てると考えることこそが非論理的です。論破を目的とした論戦を挑んだとしても、決して説き伏せることはできないでしょう。人間は神に勝てないのです。

何はともあれ、スマホ教は論戦を挑まれたりケムトレイル攻撃を受けたりしても、ちょっとやそっとでは壊れません。教徒にとって心地よい居場所であり続けます。

特別な自分になれる

「群衆になんてなりたくなかった　俺は俺だと叫んでいたいよ　ラッシュアワーに踏まれている安いプライド」とは、とんねるずの『一番偉い人へ』（作詞・秋元康）でしたが、誰しもが同じようなことを一度や二度、思ったことがあるのではないでしょうか。その他大勢ではなく、特別でユニークな存在でありたいという願望は普遍的なものでしょう。

そんな欲望もまた、スマホ教徒になればすぐに満たされます。神のような人知を超えた存在により選ばれし民として、巨悪を打倒し地球を救うのですから、これ以上スペシャルな存在はそうそういません。真実に目覚めた光の戦士として、自分にしかできない重要なミッションが与えられるのです。その任務は、傍から見ればSNSで情報を拡散しているだけのこともありますが、彼らからすれば真実を知り覚醒する人々を増やすための大切な仕事です。覚醒者が増えれば、地球は新時代に突入するのだと息巻く方々もいらっしゃいます。

特別な自分になれれば、自ずとそこに優越感もくっついてきます。現代語で言えばマウントを取るのも極めて容易です。なにせ、スマホ教徒は真実を知る数少ない存在です。その他大勢の目覚めていない人たち全てに対し、圧倒的な優位に立てるのです。

私の先輩に、御三家と呼ばれる高校から難関国立大医学部に進み医学博士号を取得した才人がいます。読書家でもある彼は文理を問わず該博な知識を有し、おまけに頭の回転も抜群に速い。もしディベートの対戦相手となったならば、私を含めた大多数の人々は、きっと裸足で逃げ出してしまうに違いありません。彼を知る人たちは口をそろえて頭の良さを賞賛し、私自身も卓越した知性に敬意を持っています。

ところが、そんな先輩に対してすら、スマホ教徒たちは平然とマウントを取ってきます。それも、彼の専門である医学についてです。「ワクチンの危険性すら理解できない馬鹿な医者が何を言っても無駄。どうやらあなたは、まだテレビに洗脳されているようですね。そんな医者どもはこの世にいらない！」といった具合です。

野球未経験者がメジャーリーガーのバッティングフォームにダメ出しをするようなものですが、本人たちは至って真剣。なかには、勉強不足の医師たちを啓蒙しようとする猛者まで現れます。

生来の優れた資質を、膨大な時間をかけ磨いてきた俊英にさえ、上から目線で講釈を垂れることができる。それは、相手が天才だろうが専門家だろうが、誰に対しても容易にマウントを取れることをも意味します。きっと心地がよいに違いありませんし、特段の努力も必要ありません。これまた現代語で表現すれば、その「コスパ」は格別です。

元新聞記者のマルコム・グラッドウェルが提唱した一万時間の法則と呼ばれるものがあります。一流の専門家になるためには一万時間の努力が必要だというのです。

グラッドウェルは、心理学者のアンダース・エリクソンらによる習熟度と練習時間に関する調査に注目しました。ヴァイオリンの習熟度別に四つのグループに分け、これまで練習に費やした時間を聞き取るというものです。もちろん、習熟度と練習時間は比例関係にありましたが、グラッドウェルが注目したのは時間の長さでした。プロレベルの習熟度を持ったグループは、約一万時間を練習に費やしていたのです。

区切りのよい一万時間という数字に眉唾なものを感じるものの、これくらい時間をかけないと一流になれないとする小話としては有用だと思います。が、スマホ教徒は決して聞き入れないでしょう。教徒となり真実に目覚めさえすれば、一万時間の鍛錬をショートカットして真実に到達できるからです。

傷を負うほど光り輝く

ネット上には心強い仲間がいますが、世俗ではそうはいきません。積極的に活動をすればするほど、心無い罵詈雑言を浴びた彼らは傷ついていくのです。

世俗の人々からすれば、真実に目覚めたスマホ教徒たちは異常そのものです。まるで狂人かのごとく教徒たちは扱われ、ひどく冷たくされてしまいますし、これまで良好な関係を築いてきた家族や友人関係が崩壊するケースもあります。

　そんなとき、彼らは癒しを求めネット上の居場所にアクセスします。悲しくて苦しい経験談を共有することで、互いに慰めあうのです。

「DSについて語ったら精神障害による妄想と見なされてしまい、家族との会話がなくなってしまった」「熱心に（反ワクチンの）デモ活動に誘っても、遅れてきた青春ごっこに付き合わされる時間はないと息子に言われて辛い」「ワクチンを打つと死ぬからやめてと何度頼んでも、ネットに洗脳されていると突き放される」といった愚痴がこぼれる一方、「皆さんがいるから、闇側と戦うために頑張れます。救われます！」「ここで出会えた仲間たちはかけがえのない大切な家族です！」「皆さんから勇気をもらいました。ワクチンから家族の命を守るため最後まで諦めません！」といった希望の声も確認できます。つまり、世俗の居場所がなくなっていくのに比例して、ネットの居場所がますます大切になっていくのです。

　いわば、数少ない理解者たちが集う場所なので、たとえ仮想の空間だとしても、もはや生きるうえで必要不可欠な存在になっていくわけです。私たちが彼らを世俗で追い詰めてしまうため、余計にネット上の居場所に救いを求め深みにはまっていくとも言えます。

デモ活動についても、これと同じようなことが言えます。

全国で展開されている反ワクチンデモ活動の参加者は、意外なほど年齢層が高い。親子連れを含めたママさん世代も目に付きますが、メインは四十代から五十代以降の中高年・高齢者といったところです。「ワクチン打つな！」「コロナはただの風邪！」といった意味が分かる掛け声が響く一方、「日本人は神に一番近い存在だから、ＤＳから命を狙われているんです！」といった、何を言っているのか分からない言葉も飛び出します。当然のごとく、街中の人たちの反応は芳しくありません。こうしたデモに参加し続けることで、世俗には受け入れられないのだという感触も得ていくことでしょう。

本人からすれば切実な、でも他人から見れば支離滅裂な叫び声をあげるご老人が、街角の人々から冷たい視線を浴びる。そんな光景は、赤の他人の私でさえ正視に耐えないものがあります。

世俗との断絶をつくり、ここにしか居場所はないと確信させる。この構図はカルト宗教にも見られる大変危険なものなのです。

優しくて危険な唯一の居場所

世俗で傷ついた彼らが集う居場所だからこそ、ネットの住人たちはみな優しい。全く承認してくれない世俗とは違って、ここでは皆が積極的に承認しあいます。街にビラを撒いた教徒は大絶賛されるし、ちょっと勇み足で失敗してしまった教徒に対しても、強い批判や叱責ではなくて、優しい励ましの言葉がかけられます。

そんな温かい居場所には、社会的に孤立を余儀なくされた方も迷い込んできます。

実際に、私は過疎地に住む身寄りのない老婦人が迷い込んでいる様をあるSNS上で見ました。誰とも話をせずに終わる一日が珍しくない寂しい生活が、スマホを持ちSNSを利用することで様変わりするのです。私たちからすれば、たかがネット上のつながりに過ぎなくても、彼女からすれば久しぶりにできた大切な友人に他なりません。そんな友人たちが語る世界観がどれほど奇天烈に思えようとも、検索をしたり質問をしたりすることで理解を試み、これからも仲良くありたいと考えるのも無理はありません。彼女のアカウントが教徒たちへの感謝の言葉で満ちているように、灰色だった日々はこうした居場所によって光り輝くのです。こうして反ワクチン思想に染まっていった彼女もまた、数少ない世俗で交流のある人たちに布教をしていくわけですが、それがより一層の孤立を招くことは想像に難くありません。ますます、ネット上の居場所が大切なものになっていきます。

この老婦人のアカウントを発見し、書き込みを追っていくごとに、私はスマホ教という居場所が果たしている社会的な役割を認めざるを得なくなりました。スマホ教が社会にもたらすリスクは計り知れないものの、そこに魅入られる個人を悪人扱いする気にはなれません。

そして何よりも、いったいどこの誰が、彼女を責めることができるのでしょうか。彼女は、ただ人と話がしたかっただけなのです。

過疎化や共同体の崩壊という社会問題が、スマホ教にはまる高齢者を生んだという意味では、この問題は私たち一人ひとりとも無縁ではありません。深刻な問題が未解決のまま放置されているからこそ、スマホ教が甚大な副作用を含む処方箋を提供してしまったのです。

「スマホ教」＝被災地のスナック

唯一の居場所について考えると、東日本大震災の被災地のスナックが思い出されます。

二〇一三年当時、私は被災地の現状を調査するため、福島県いわき市で生活をしていました。その時、私が足しげく通っていたのが、出稼ぎでやってきていた中国人が切り盛りするとあるスナックでした。

遠方からやってきた原発作業員、地元の居酒屋でトラブルを起こし続け出禁状態となった津波被災者、元ホストのバツイチ子持ちの除染作業員といったように、とにかく色々な人が集まっていました。格安料金で朝方まで営業していたことも理由の一つでしょうが、彼らが口々に話していた「地元の人が営業する店では飲みにくい」という声が、この店に集った理由でしょう。当時、地元住民と避難者・原発作業員との関係は決して良好なものではなかったのです。

さて、調査目的という邪《よこしま》な理由で入店していた私ですが、元来の酒好きが災いしたのか、はたまた国際交流のためマスターしていた中国の名曲『朋友』をカラオケで披露したためなのか、すっかり店員や客と馴染んでしまい、いつしか調査なのか娯楽なのか分からない状態になっていました。が、結果として彼らと朋友になったことで、リアルな声を聞けたことも事実でした。

なかでも、津波被災者の中年男性、田中さん（仮名）のことは、未だに忘れることができません。

あまり知られていないことですが、一口に福島県の被災者とは言っても、原発被災者と津波被災者の間では支給される補償金がまるで違いました。前者の中には一世帯あたり数千万円の補償金を手にする人もいたのです。それらを原資に連日連夜飲み歩く一部の被災者には、冷ややかな目を向ける人もいました。一方、津波被災者が貰える額はおよそ百万円程度。なのに、多額の補償金を手にした原発被災者と同様に見なされ白眼視されることに、田中さんはいら立ちを隠せませんでした。

田中さんの仮設住宅での生活も、かなりの問題含みです。とくに、精神的に不安定になった父親から頻繁に暴力を受けるという話には同情を禁じえませんでした。住処、地元の飲み屋、そして給与が支払われない除染作業員の仕事場のいずれにも、田中さんが安住できる場所はなかったのです。色々な意味で、このスナックは田中さんにとって唯一の居場所でした。

私と店員たちは父親と距離を置くべきだとアドバイスをしましたが、田中さんは聞き入れません。精神的に不安定な父親の面倒を見るのは自分しかないという理由でした。

しかし、そんな心優しい田中さんにも限界がきます。ある日、あまりの暴力に耐えかねて反撃をしてしまった結果、警察沙汰となってしまったのです。

警察のお世話になった翌日、私と田中さんはいつものスナックで飲み明かしました。格安料金なだけあって、焼酎の味が全くしない水割りでしたが、それなりには酔いが回り話も弾みます。父親の話を含めた、これまでの田中さんの苦しい日々を知ったのもまた、彼が水の味しかしない水割りを飲み続け酔いつぶれた当夜でありました。

思い返してみれば、つくづく感じることがあります。傷ついた人々が集う唯一の居場所は、皆が優しい。いや、優しすぎる。

決して経営が順調ではなかったスナックの店員たちも、田中さんに同情して手を差し伸べます。各居酒屋で支払えなくなった田中さんのツケを、なんと店員が立て替えていたのです。中国から出稼ぎでやってきた彼女たちもまた、当初の思い通りには経営が上手くいかず、かといって閉店することもできない、身動きの取れない居場所のない人々でした。田中さんを援助する余裕などあるはずがありません。

しかも、田中さんは安酒で長々と居座るうえに、時として他の客に悪絡みする迷惑な客でもあります。どうみても上客ではありません。それどころか、客を遠のけるという意味では店に損失を出している可能性が極めて高い。彼に優しくする理由など露ほどもありません。あえて言えば、田中さんと店員が朋友になったからこそありえたことだと思います。

常連客だって同じく優しい。こんな不愉快な客、他の店同様にさっさと出禁にすれば万々歳のはずです。しかし、悪態に対して文句を言うどころか彼を優しく諫めます。

自分が傷つけられてきたからこそ、傷ついた誰かに優しくできます。しかし、優しい彼らは傷ついているが故に、彼ら自身が不安定でもあります。不安定な彼らが優しさを重ねて唯一の居場所を守ろうとすれば、どこかで無理が生じる可能性が高くもなります。実際、オープンから数年でスナックは閉店を余儀なくされますが、その終わり方もまた決してよいものではありませんでした。精神に変調をきたした店員の一人が失踪してしまったのです。

田中さんに象徴されるように、スマホ教徒を含めた唯一の居場所に集う人々は、往々にして解決困難な問題を抱えています。しかも、居場所に安住したところで根本的な問題は何も解決しません。安らぎのひと時を得られるのは事実ですが、いつ時限爆弾のような問題が爆発するか分からないのです。

やめたくてもやめられない

問題の一つは、この安らぎは永遠に続くとは限らないということでしょう。

あるスマホ教徒は「田舎の町内会もSNSも同じ」といった意味の本音を吐露していましたが、これは言い得て妙だと思いました。実際、もうやめたくてもやめられないスマホ教徒もいるのです。方針に背くと陰湿な攻撃が想起される田舎の町内会のように、スマホ教から離脱したり離反者とみなされたりした場合、往々にして嫌がらせが待ち構えています。

実際、裏切り者と目された元教徒が名指しで糾弾される事例も見られます。唯一の居場所であるスマホ教の仲間だったはずなのに、これまで散々虐げられてきた世俗に戻るとなれば、残される者が怒り心頭に発するのも無理はありません。

しかしながら、そんな怒りなど無視してアカウントを消し、さっさとネットの世界からおさらばすればよいはず。たかがネットの世界ですから、そういう手合いは相手にしなければよいのです。多くの人は匿名アカウントを用いているので、新たな自分になることも容易でしょう。

しかし、彼らは世俗に帰る場所がなく、ネット上にしか寄る辺がありません。そんななかアカウントを削除してしまえば、いったいどのように生活をしていけばよいのでしょうか。たかがアカウントかもしれませんが、そこには長い時間をかけて築いてきたコミュニティーと、そこにぶら下がっている沢山の大切な友人がいます。しかも、そんな友人は、今や世俗にはいないのです。

これまで散々暴言を吐いてきた世俗のコミュニティーに戻るのは、相当な勇気が必要です。それならば、スマホ教の考えに同意できなくても、泣く泣く参加を続けてしまうという行為も理解できます。気乗りしないけど参加せざるを得ない町内会やＰＴＡ活動と、本質的には似たようなものです。

「遅れてきた青春」を謳歌

以前、私は原稿を執筆するため、いわゆるネット右翼・左翼と呼ばれる人たちと根気強く対話を試みたことがあり、彼らの生態について理解しているつもりです。同じくネット上で誕生したスマホ教徒たちもまた、彼らと同様の性質を抱えているのだろうと見当をつけながら調査をはじめましたし、実際に似たような特徴もありました。前述の通り、Ｑアノンの世界観とネット右翼・左翼のそれはかなり重なるところがあります。

しかし、スマホ教徒のほうが基本的に明るい。と言うよりも、仲間内で時折愚痴をこぼすことはあるものの、軽い躁状態にあるかのごとく感受性が豊かで、ちょっとしたことで感激をしてすぐ涙を流します。先に紹介した「遅れてきた青春」という印象的なフレーズのとおり、思春期に見られる溢れんばかりのエネルギーがほとばしっているのです。彼らが見せる熱い使命感もまた、そんな熱量がなせる業でしょうか。「寅さん（トランプ大統領）とともに世界を救う」「新時代の地球に向けてみなで頑張ろう！」といった言葉も良く目にします。まるで、世俗でできた大きな問題から目を逸らすべくポジティブに顔を上げ、そして使命感を燃やして前に突き進んでいるかのようでもあります。

また、独特の言葉と思考法も特徴的でした。チャネリング（人知を超えた何かからメッセージを受け取ること）・ハイヤーセルフ（高次の自己）・アセンション（次元上昇）といったスピリチュアル用語はもちろんのこと、「波動を高めることで望む未来を引き寄せよう」「五次元思考をすれば真実にたどり着ける」「ハイヤーセルフとチャネリングすれば分かるでしょう」等々、理解しづらい思考法が散見されました。ネット右翼・左翼の世界に精通していると自負していた私ですら、当初は推測さえできないというありさまでした。

正直に言うと、彼らの姿を知れば知るほど、流石にこの人たちはオカシイのではないかとも思ってしまいました。事実、彼らを知るうえで参考となりそうな書籍・資料等を読み漁ってみたものの、やはり「理解不能」「病的」といったワードで片付けられています。どこを探しても彼らの内在的論理を理解する手掛かりは見つかりません。

しかし、彼らをもともとおかしな人だと決めつけてしまうと、説明がつかないことが沢山あります。穏やかだった家族の一人が、ある日突然にスマホ教徒になってしまったという数多の体験談が示唆するように、彼らは元来からおかしかったわけではありません。先天的ではなく、何がしかの理由があって、後天的に変わってしまったのです。繰り返しになりますが、少なくとも教徒になる以前は、私たちと同じような人間であったはずです。

次章は、そんな彼らの言葉や思考法を理解すべく、スピリチュアルの世界について考えていきます。彼らの言葉を私たちの言葉で理解することが目的ですから、これはちょっとした外国語学習の話であり、いかにして異文化を理解するかという問題でもあります。

第2章 誰でも気軽に神と繫がれる——SNS時代のスピリチュアル

「スピ度」

スマホ教はスピリチュアルから強い影響を受けています。スピリチュアルに染まっていた人が、スマホ教徒と化すケースも多々見られます。それ故に、スピリチュアルに内在しているリスクがスマホ教にも引き継がれてしまうのです。スピリチュアルへの染まり具合は十人十色であるものの、スピリチュアルの基本的な世界観を知らずして、スマホ教を理解することは難しいでしょう。

さて、スピリチュアルと似た言葉にオカルトがあります。まずは、オカルトとスピリチュアルについて整理するところから始めたいと思います。

オカルトについては、業界の老舗雑誌「ムー」の表紙にある「世界の謎と不思議に挑戦する」という表現が適切だと思います。UFO・UMA・イルミナティ・呪術・神話等々、謎や不思議めいたものであれば、幅広く対象となります。

雑誌「ムー」にもそのコーナーがあるように、スピリチュアルはオカルトのなかの一分野と見なすことができ、両者の間に本質的な違いはありません。とりあえずは、謎・不思議のなかでも、精神的なものに焦点を当てたのがスピリチュアルだと理解すればよいと思います。人知を超えた大いなるもの、たとえば神・宇宙・大自然・ハイヤーセルフといったものと繋がったり、その存在に耳を傾けたりするわけです。元来、スピリチュアルは民衆的な宗教運動を指していましたが、現在の日本においてはもう少し広い意味で使用されています。

絶妙な距離感を保った辛酸なめ子氏の著書『スピリチュアル系のトリセツ』(平凡社)は、そんな突飛に思えるスピリチュアルの入口から深部まで、おおよその見通しを提供しています。スピリチュアル好きを公言する辛酸氏は、スピリチュアルに深く傾倒する人々と、偏見を持ちがちな私たちのちょうど中間くらいに立ち、その世界の全体像と愛好者たちの様子をコミカルなタッチで記していきます。そして、スピリチュアルへの傾倒具合を指す「スピ度」を四段階に分け、スピリチュアルを二十二種類に分類しました。

「スピ度１」にはパワーストーン・手相・風水といった、私たちにとっても、それほど違和感のない言葉が並んでいます。が、スピ度が上がるにつれ、死者との交流・チャクラのような、世俗からだんだんと離れた言葉が増えていき、「スピ度４」になるとライトワーカー・アセンションといった、初見では意味が摑めない言葉が目につくようになります。ライトワーカーは、「光の仕事をする人々」とされます。その仕事のあり様は論者によって様々で一概には言えませんが、基本的には地球や地球人を救ったり地球の次元を上昇（アセンション）させたりすることが目的です。このレベルになると、辛酸氏の文体もやや及び腰になってきます。このように、一口にスピリチュアルとは言っても、そのあり様は色々です。

不自由なほど幸せになれる

「スピ度４」くらいになると、比較的容易に神と通じたり、そもそも自分は神と一心同体だと考えたりするケースも珍しくありません。なかには、自分は他の惑星から転生した存在であり、地球を善導するミッションがあるのだと考える人々（スターシード）もいます。そう信じる過程については本章で後述するとして、ここまでくると宗教の一形態そのものです。超越的な何かを信じることで、自分は何者であり、何をするために生まれ、そしてどこに向かって歩めばよいのかという世界観が生じるわけです。

そんな宗教には、多くの人を殺《あや》めかねないという危険性が内在しています。神の命を受けた信徒たちが、一方的に他民族を虐殺した事例さえ多々見られます。宗教は民衆のアヘンとまでは言わなくとも、こんなリスキーな存在は人類にとって害だとする主張は根強く見られます。宗教もスピリチュアルもともに、自身が信じる特異な世界観（真実）を社会に強要するようになった途端、たちまち社会へ危害を加える存在になってしまうわけです。

しかしながら、宗教は信者を幸福にすることも事実のようです。それも、原理主義的であればあるほどです。コロンビア大学ビジネススクール教授のシーナ・アイエンガー氏は著書『選択の科学』（文藝春秋）にて、そんなことを示唆する大変に興味深い調査を紹介しています。

同氏は、自分の身に起こることを自分で決定しているという感覚、つまり自己決定権を維持できないと、人間は無力感、喪失感を覚えてしまうという心理学者の研究を知り、シーク教の伝統に疑問を抱きます。シーク教徒である彼女とすれば、身に着けるもの、食べてよいもの、家族に対する責任等、多くのことが決められてしまうシーク教のような宗教と自己決定権の関係について、強い関心を持たずにはいられなかったのでしょう。宗教への帰依が、健康と幸福に与える影響を解明すべく研究に着手します。

この研究の対象者は、三つのグループに分類されました。多くの日常的な規則を課す原理主義（カルヴァン主義、イスラム、正統派ユダヤ教）、保守主義（カトリック、ルター主義、メソジスト派、保守派ユダヤ教）、最も規則の少ない自由主義（ユニテリアン主義、改革派ユダヤ教）であり、自由主義については神への信仰を求めない流派もありました。

彼らから得た調査票の回答から導かれる結論は、大変に驚くべきものでした。原理主義グループでは「他の分類に比べて、宗教により大きな希望を求め、逆境により楽観的に向き合い、鬱病にかかっている割合も低かった」のです。

一方、最も制約が少ないため自己決定権が大きいと思われた自由主義グループでは、原理主義グループと真逆の結果が出ました。自由主義グループと親和性が高いであろう日本人としては、ちょっと衝撃的な結果ではないでしょうか。

この不可解な状況に対し、アイエンガー氏は次のような考察をしています。

この見かけ上のパラドックスを解明するカギは、世代から世代へと受け継がれる、世界の本質や、世界の中でわたしたちが担う役割にまつわる、さまざまな語《ナラティブ》りにある。だれしもが、自分の人生は自分でコントロールしたいと思っている。だが人がコントロールというものをどう理解しているかは、その人がどのような物語を伝えられ、どのような信念を持つようになったかによって決まるのだ。

たとえば、環境は個人の選択を通じてこそ、コントロールできると信じている人もいる。幸せへの道は、だれかに探してもらうのではなく、自分で見つけ出さなくてはならない。自分に代わって見つけてくれる人、見つけられる人は、だれもいないのだから。他方、世界を支配するのは神であり、神の御旨を理解し、それに忠実に従ってこそ、人生に喜びを見出せると信じる人もいる。わたしたちはだれしも、人生と選択に関するさまざまな物語の影響を受けている。そしてどのような物語を受け継ぐかは、どこで、どんな親のもとに生まれたかといった要因によって決まるのだ。だれが選択を行うべきか、選択に何を期待するか、選択の結果をどのように判断すべきかなど、選択に対する人々の考え方が、国によって、文化によってまったく違うことに驚かされる。

（シーナ・アイエンガー著『選択の科学』文藝春秋、二〇一〇年）

多くの日本人は、「幸せへの道は、だれかに探してもらうのではなく、自分で見つけ出さなくてはならない」という、アイエンガー氏の考察における前者の価値観を、さも当然かのように有していると思います。この考えからすれば、後者の人生は実に窮屈であり、選択の幅が狭い自己決定感の低い日々であろうと思いがちです。

しかし、そもそもの「選択」や「自己決定権」に対する考え方が、前者と後者ではまるで違います。もはや概念や言葉そのものが異なると考えてもよいかもしれません。前者である私たちが、後者の人々はさぞ自己決定感が低いのだろうと考えるのは早計です。

他にも、こんな実験結果に対する考察もできると思います。

仮に今、一面に広がる草原に降り立ったとします。どこへ進むにも道を切り開かなくてはなりませんが、どこに向かって、どのように、どんな道を敷設すればよいか、途方に暮れることもあるでしょう。「幸せへの道は、だれかに探してもらうのではなく、自分で見つけ出さなくてはならない」とは言っても、文字通り自力で道を探すのは難しそうです。

そんななか「太陽が沈む方向に向かって道を敷設せよ」との声が天から聞こえ、そしてそれを信じれば、人は進むべき方向を決められます。方向は決まっているものの、どんな道具で道を切り開くのか、そしてその道はどんな形状をしていて、どのくらいの速度で作っていくのか等々、実に様々な決定ができます。逆説的ですが、一定レベルの制約があればこそ、人は自由に選択ができるというわけです。『選択の科学』でも記されているように、取りうる選択肢（得られた自由）は多いほどよいというわけではなく、どうやら適切な数というものがあるのでしょう。

このことは、天の声のような宗教的な話だけでなく、思想信条についても同様のことが言えます。

後ろを振り返ったとき、先人が開拓した道が見えたとします。その道をじっくり見れば、どんな道具を使い、どのように切り開いていったのかも分かります。道をひらくヒントになるはずです。

なかには、どうしてなのか蛇行した道筋も見られますが、それはそれで何か理由があるのかもしれず、大いに参考にすることができます。論理的な思考では辿り着きにくい、歴史に裏打ちされた知恵が、その蛇行に眠っている可能性があるからです。非合理的に見えることにもまた、幸せへの道に通じるヒントがあるのかもしれません。

もちろん、過去をそのまま真似る必要はありませんが、過去を参照することによって、これまた逆説的に、未来を自由に切り開くことができそうです。過去を重んじる政治思想を胸に宿せば、こうした道のひらき方ができると思います。

後ろではなく、未来に目標を設定することもできます。

草原の向こうに理想の国をつくるという目標を設定すれば、たちまち理想の国にふさわしい道もまた見えてきます。ある一定の理論に基づき作られた理想（の国）に近づくために、人は自由に理性を働かせることで合理的と思しき道を考え、そして敷設していくのです。いの一番に理想的な未来を設定する政治思想を抱くことで、こんな道の作り方もできると思います。

オウムから何も学んでいない

宗教、思想信条、そしてスピリチュアルの三者は、何《いず》れも世界観（一定の制限）を与えることで、人々を幸福に導きうる点で共通しています。そして、この世界観が衝突し、事件に発展しかねない点も同様です。特に世俗との乖離がある宗教とスピリチュアルは、かなり近しい関係にあると見てよいでしょう。

　しかし、教訓の継承においては違いが見られます。十七世紀のヨーロッパにおいて、宗教同士の世界観がぶつかって三十年戦争が起き、おびただしい血が流れた末に主権国家からなる国際政治関係の基礎となるウェストファリア体制ができ、その結果他の宗教（世界観）に対し寛容な世界に一歩近づいたように、既存の宗教には教訓的な戒めがあります。途方もなく長い時間をかけて、外部社会との調整がなされてきたわけです。宗教内部における真実は、あくまでも共同主観的な真実であり、それを外に強要してはならない。つまり、外部と内部の峻別をすべく、様々な取り組みがなされてきました。

　こうした取り組みが必要なのは一神教だけでなく、多神教や絶対的な神がいない宗教においても同様です。よく、多神教や仏教は平和的だとするステレオタイプな意見も目にしますが、過去に多くの人を殺めてきた歴史を鑑みれば、かなり疑わしい主張だと言わざるを得ません。外部と内部の峻別に失敗すれば、いかなる宗教にも大きなリスクが生じます。そのうえ、峻別するための取り組みは実に際どいものです。

　自分たちが有する世界観は真実であり、その真実は絶対的なものです。なのに、外の世界では別の真実が存在するという話は、果たして万人が納得するものなのでしょうか。

外では通じない真実（世界観）は相対的な事実に他ならないと考え、外と内の峻別を拒否する人々も現れそうなものです。現に、この際どい調整に失敗した宗教が過激派やカルトとなってしまい、戦争の火種になっていることはご承知のとおりです。が、人を幸福にする宗教が求められる以上、そのリスクと上手に付き合っていく他はありません。

思想信条についても同様です。特に政治思想については、現代日本においても多くの血が流れました。とりわけ連合赤軍による一連の事件は影響力が大きく、政治思想に存するリスクが国民間で共有されましたし、論壇においても右派左派問わず頻繁に取り上げられてきました。ただし、ネット上で見られる歪みに歪んだ政治思想もどきについては、こうしたリスクについて、てんで無頓着であることも付け加えておきます。

一方、スピリチュアルの世界では、リスクの継承が明らかに薄い。オウム真理教を生んだ一因は、（スピリチュアルと本質的に変わらない）オカルトブームにあると、様々な論者から盛んに指摘されてきたにもかかわらずです。

オカルト雑誌「ムー」では、かつてオウム真理教を宣伝してしまった反省からか、荒唐無稽な反ワクチン論について警鐘を鳴らしていますし、後ほど紹介する『スピリチュアル・ライフのすすめ』（文春新書）にしても、修行法を間違えるとオウム信者と同様になりかねないと警告を発しています。スピリチュアル界隈に所属する全ての人々が、リスクに無頓着であるわけでは決してありません。

しかし、オウムを生んだ一因として危険視されたオカルトを覆い隠すかのようにして、スピリチュアルが世に広がっていったという経緯があるために、どうしてもオウム真理教には触れにくい背景があることもたしかです。

二〇〇五年から二〇〇九年にかけてテレビ朝日で放送されていた『国分太一・美輪明宏・江原啓之のオーラの泉』は、スピリチュアルブームを牽引した存在として、まだ記憶に新しいところです。「オーラの泉はこころ豊かに生きるヒントを提案するスピリチュアル・トーク番組です」と、番組冒頭に表示されるテロップが象徴するように、オカルトとスピリチュアルは別物だといった印象を演出しつつ、同番組は高視聴率を記録しました。

精神世界への関心は普遍的なものです。オウム事件があってもなくても消えることはないでしょうが、その世界を語っていたオカルトは印象が悪い。

そんななか江原氏は、オカルトに代わるスピリチュアルという言葉を世に広めるのに、大きな役割を果たしました。同時期には船井総合研究所の創業者・船井幸雄氏による、スピリチュアルをビジネスの世界に混ぜていった一連の仕事もあり、オカルトで語られてきた精神世界がスピリチュアルに引き継がれていったのです。こうした成功体験を持つスピリチュアルが、オウム真理教について口を開きたがらないのも無理はありません。

話が通じる宗教、通じない宗教

以前から、ネット上では過激な思想が生じ、現実社会にて事件を起こしてきました。しかし、新型コロナ禍を契機として先鋭化していったスマホ教については、従来みられた偏狭な思想信条と比べ、明らかにスピリチュアルの色合いが濃くなっています。と言うよりも、Qアノンの台頭を契機とするように、あらゆるものが取り込まれた奇怪な世界観が形成されていったのです。しかも、先述したように、スピリチュアルでは第二第三のオウム真理教の誕生を阻止するため課すべき戒めが不十分です。昨今生じた新たなリスクを知るためにも、スピリチュアルについて理解を深めるべきだと考えます。

一方、全てのスピリチュアルが危険であるとレッテルを貼るのもまた、筋違いな話だと思います。辛酸氏にしても、平和的にスピリチュアルの世界に浸り、日々の生活をよりよくしたいと願っているだけであり、決して他の人たちに危害を加えようとはしていません。当然すぎる話で同氏に対して失礼かもしれませんが、法を破ってまで自分が得た真実を社会に押し付けるなんてことは絶対にしないでしょう。リスクの大きなスピリチュアルと、そうではないスピリチュアルを区別する必要があります。

それでは、どこで線引きをすべきか。なるべく寛容な姿勢で引くのであれば、対話可能性の有無によってなされるべきだと考えます。

対話可能であり、外部（私たち）と内部（スピリチュアルに傾倒する人々）との間で様々な調整がなされれば、彼らが一方的に真実を押し付けることもなくなるでしょう。必ずしもうまくいくとは限りませんが、少なくとも可能性はある以上、むやみに危険視すべきではないとする考え方です。対話可能性の有無は「自己絶対化の有無」と言い換えてもよいです。なお、いかに寛容であろうとも、際限なく寛容であることは不可能であるため、寛容と区別（どこからを拒絶するか）は表裏一体の関係にあります。

ネット右翼・左翼と呼ばれる人々についても、議論のあり様から考えていくことで同じようなことが言えます。

議論のルールを守れる、つまり対話しようとする心構えさえあれば、議論の参加者は完全に自由で平等であるべきです。そうでなければ、思想信条のあり様や社会的地位等によって発言力が決まりかねず、健全な議論が期待できません。かといって無法者まで平等に取り扱えば、議論そのものが崩壊してしまいます。

従って、対話可能ならば、いかに偏狭な思想信条を持っていたとしても、ネット右翼・左翼（または更に侮蔑の度合いが強い他の表現）のような、人を貶めるような表現を投げかけるべきではありません。

裏返せば、ルールを守れる人々と彼らを峻別すべきとする立場から、ネット右翼・左翼を「対話不能な人」と一括りに定義することができます。彼らの主張はバラバラですが、議論のルールを守れないという点では同じですし、議論に参加できない人たちの思想信条に注目しても仕方がありません。また、対話可能性によって真っ当な右翼・左翼（または保守やリベラル）と、対話さえ不可能な彼らを区別するという意図もあります。

宗教にしても、社会との共生が図られているものと、そうではない危険な（破壊的）カルトとに区別がなされています。非常に大きな危険性を内在する宗教や政治思想だからこそ、そのリスクが顕在化したケースには別の呼称を与えることで、常に警戒を怠らないことが肝要なのでしょう。

繰り返しになりますが、スピリチュアルは宗教と同種の存在です。必然的に、スピリチュアルも一歩間違えればカルトへの道へと通じています。そしてネットの存在によって、そんな危険な道は随分と開けてしまいました。スピリチュアルは宗教の装いをしていないだけに人々の警戒感は薄く、宗教が抱えるリスクを真正面から受ける可能性も高いでしょう。ネット上で陰謀論と合流しやすくなった点も、相当危惧すべきことです。

次節から、ネットによって歪な変化を遂げたスピリチュアルと、その危険性について見ていきたいと思います。

「やる気スイッチ」で読み解く

仮説構成体という言葉は、スピリチュアルのような不思議な世界を理解するうえで大変に示唆的です。これは心理学の世界でよく使われるもので、「ある現象を上手く説明するため仮定する概念」を指します。

たとえば、今日はいつもより仕事に集中できているとします。こんなときよく、「今日はモチベーションが高いから集中できる」とか「やる気が湧いてきたから、今日の仕事はどんどん進む」と考えがちです。某学習塾のCMでは「やる気スイッチ」という言葉も使われています。

ところで、「モチベーション」や「やる気」とは、いったい何なのでしょうか。冷静に考えてみると、目には見えず匂いもせず、そして気体検知管で計測もできない謎の代物に思えてきます。当たり前のように使われるこれらの言葉は、あると仮定すると「仕事に集中できるようになった私」を上手く説明できる概念にすぎません。

仮説という名のとおり、これらは空想の産物なのかもしれません。でも、この二つの言葉はとても便利なので、私たちは日常的に使用しています。当然のように周囲の人たちも使っているし、何よりも実感があります。日々の生活のなかでその存在を客観的に実証したわけではないものの、確かな感触さえあることでしょう。

このモチベーションという言葉は、何かを説明するための補助線という役割にとどまらず、今や独り歩きしていることも分かります。「モチベーションを高めるために音楽を聞く」というありがちな話では、モチベーションは確かに実在するものとして扱われ、しかも主役として機能しています。

このように、仮説構成体のなかには、その役割を超えて独立し、日常生活に溶け込んでしまうものもあります。つまり、説明のために仮に設定した概念にすぎなくても、人々がその存在をありありと実感さえすれば、たちまち実在物としてその姿を現すのです。

スピリチュアル界隈を含め、どういった世界においても、仮説構成体は満ち満ちています。ただし、科学的な取り扱いはなされていませんので、この言葉をそのまま使うのは少し具合が悪い。そこで、本書ではその代わりとして「見えない補助線」という言葉を使用していきたいと思います。心理学的な用法にとらわれず、「物事を上手く説明する見えない何か」と再定義したうえで、あちこちで引かれている見えない補助線の正体に迫っていくというわけです。仮説構成体の本質的な意味はそのままにして、自由に使えるよう拡張したと考えてもよいです。

補足すると、モチベーションに限らず、私たちの世界にも見えない補助線はあちこちに存在しています。仮に宇宙人が実在し地球人を観察したならば、モチベーションをはじめとした見えない補助線もまた、奇異なものに映るのかもしれません。スピリチュアルや宗教の世界における見えない補助線を、私たちが不思議に思うのと同じです。

「最高のスピリチュアル・ライフ」に潜む危険

見えない補助線をヒントとし、ネット上で流行する危ういスピリチュアルについて解説する前に、地に足の着いたスピリチュアルについて触れておきます。

風水からライトワーカーまで、スピリチュアルの世界が多様な広がりを見せるなか、社会学者の樫尾直樹氏は著書『スピリチュアル・ライフのすすめ』（文春新書）にて、祈り・ヨーガ・呼吸法・坐禅・経行《きんひん》・ラベリング・ゴールデンライト瞑想といったエクササイズを紹介し、それらが日々の生活を実り豊かにするのだと主張します。

肌つやが良くなった、長年できなかった禁煙に成功した、ダイエットに成功したといった目に見える効果をはじめ、精神的な安定、良好な人間関係の構築、はたまた神秘体験に至るまで、心身に多くの変化が生じたようです。樫尾氏は、それぞれのエクササイズは千五百年から数千年もの間、人々が続けてきたという点で信憑性があり、誰にでも効果があるのだとします。もちろんそこには、エクササイズでなされる腹式呼吸の健康効果も含まれるでしょうが、根本的な理由はもっと違う点に求められるようです。

坐禅をしていると、いろんな想念が流れていった後、瞬間的にでも無心になることがある。この無心の状態というのは、物思いにふけっているぼけ〜とした意識状態ではなくて、はっきりと目の前の現実を見ているけれども、その現実に心が動かされていない状態のことである。
このとき、私たちは、流れ行く現実を一旦止めているのだ。この現実の世界を一旦止めるという状態に意識が入っていくと、意識全体の動きから、「あっ」という心＝表層意識の働きが遮断されて、意識の深いところ（深層意識）に、もうひとりの自分が生まれてきて（あるいは、もうひとりの自分に気がついて）、いま座って半眼を開けて前方を見ている自分を「見る」。これが「止観」、すなわち坐禅という瞑想で起こることである。（中略）坐禅をすればするほど、ふだんの生活でも心が波立たなくなり、深層意識は心の影響をどんどん受けなくなっていく。これが、ちょっとした苦境にも動じない精神を生み出す。そして、さらに、興味深いことに、心という表層意識の影響をあまり受けないということは、言葉によって世界を切り取って（分節して）理解するという、意識の分節、分別機能が低下していくということである。そうすると、自分と自分以外の他人や物や世界を区別したり、差別したりしない意識が、私たちの深層意識の中で生まれてくるのである。

（樫尾直樹著『スピリチュアル・ライフのすすめ』文春新書、二〇一〇年）

無心の状態とは、外部からの刺激に意識が反応しないということ。ならば、意識の働きは遮断されているに違いないが、なぜか失神せずに自分はここにいる。しかも、坐禅している自分を見ている（ように感じられる）。まるで自分が二人いるかのごとくです。

こうした不可解な状況は、「表層意識」と「深層意識」という見えない補助線によって説明ができます。意識のうち、外部の刺激に反応する通常の意識が「表層意識」であり、この意識が遮断されても存在する自分とは、もう一つの意識である「深層意識」にいる自分なのだと考えるわけです。そして、坐禅をはじめとしたエクササイズにより特別な体験を重ねていけば、表層意識と深層意識という見えない補助線もまた、ありありと実感できるでしょう。

樫尾氏は、同様の現象は日頃の生活でも生じるのだと考えます。床拭きのような単調作業を繰り返していると、いつしか無心の状態で作業をしていたという経験がそれです。「そこに、『高次の自己』が生まれてきて、その反復運動をしている自分を、上あるいは背後から見る」のです。無心で作業しているにもかかわらず、その作業をしている自分を別の視点から見ているような不思議な感覚を説明する「高次の自己」という、もう一人の自分が見えない補助線として登場しています。

深層意識にいる高次の自己が意識されるほど、表層意識による分別機能が低下します。世界を言葉・概念によって区切るのは表層意識だからです。

世界が区切られなければ、全ては一体に他なりません。結果、必然的に利他の精神が醸成されることで良好な人間関係が構築されたり、心身が安定したりするのです。数多くの人々が証言するように、こうしたエクササイズは万人にとって効果があると考えてよいでしょう。

ただし、大きな落とし穴もあります。日々をより良く生きるためという目的から大きく外れ、絶対的存在との同一を図ったり、神秘体験を得ることそのものが目的になったりすると、たちまちオウム真理教と五十歩百歩という事態になりかねないのです。より本格的な修行をするのであれば、良き指導者を仰ぐ必要があります。

「私が一番言いたいのは、坐禅や呼吸法やヨーガをやろう、ということである」とは、樫尾氏の言です。ここで使われたヨーガとは、生活全般を厳しい制約下に置く修行僧のような日々を指すのではなく、あくまでも体位体操のような、家庭で実施可能なエクササイズのことを指します。体位体操は部活動の準備運動に似たストレッチのことで、ほぼ同じ運動を経験した方々も多いと思います。

本格的なヨーガのようなスピリチュアルには大きな危険が潜んでいることを、樫尾氏は再三にわたって述べています。誤ったスピリチュアルにより悟ってもいないのに悟ったと勘違いしたり、神と同一できたと誤認したりすることの危険性は、麻原彰晃の存在のみで十分すぎるほど説明がつくはずです。もちろん、この域に到達すると自己は絶対化しており、外部との対話はできません。

この世のすべては「波動」

一方、ネット上で流行するスピリチュアル（以下、略してネトスピと呼びます）の世界では、これまで述べてきたような警告は、すっかり鳴りを潜めています。ただでさえ戒め・歯止めが不十分なスピリチュアルを野放しにするどころか、もっと剥き出しになってネット上で拡散しているのです。後述するように、警告なり戒めといったブレーキをかけるスピリチュアルは、ネット上では流行しにくい構造があるのです。

そんなネトスピの世界では「波動」という言葉が頻繁に見られます。あまりに多様な相貌を見せる、ネトスピの全容を記すのは困難ですが、「波動」について理解をするだけでも一定の見通しがつくようになります。

さて、全ての物質は、粒子としての性質と波としての性質を併せ持っています、と言われても、随分と常識外れで突飛な話だと感じるかもしれません。

しかし、このことは高校の物理でも習うことですし、あのアインシュタインの仕事がキッカケとなり生まれたものでもあります。彼は光量子仮説でノーベル物理学賞を受賞しましたが、この研究があってこそ「全ての物質は粒子であり波である」という驚きの結論に到達したのです。ネトスピの世界では、あらゆるものは波動であるという大前提がよく見られますが、それそのものは否定できないでしょう。

こうして、あらゆるものは波動だという、実にスピリチュアルな世界と親和性のあるスタートラインに、それも科学の裏付けとともに立つことができました。信憑性のみならず権威さえ漂う量子力学やアインシュタインは、不思議な世界（＝スピリチュアル）へ誘うツールとして抜群の威力を発揮しています。

ただし、物理学における波動（性）の意味を彼らがちゃんと理解しているとは到底思えません。抽象的で難解な物理学と格闘し、自分の手で数式を解きながら理解を深めていくという地道な努力を迂回し、ネット検索で得た断片的な知識をつまみ食いしているのでしょう。「全ては波動だ」という字面だけは間違いではないものの、その理解はまるで頓珍漢です。彼らは波動（性）が意味するところを科学的に理解しようとせず、好き勝手に解釈して使用しているわけです。そしてそんな解釈はネット上であっという間に拡散し、ネトスピの世界では、あたかも既成事実と化しています。

以降、本書では彼らの考える波動について記述していきます。科学的な誤りについては指摘しませんので、物理学における波動とネトスピにおける波動を混同しないようご注意いただければと思います。

ネトスピの見事な仕組み

あらゆるものが波動ならば、そこには周波数があるはず。だから、周波数を調整し音をキャッチするラジオのように、あらゆるものから発せられる波動を私たちも受け取れると考えます。必然的に、神のような人知を超えた存在とすら、彼らが発する波動を受け取って繋がることができます。自らの周波数を変える（高める、良くする）ことによって、大いなるものと交信が可能になるのです。そして、繋がったことをもって、神・宇宙意思・エンジェルといった見えない補助線もまた、実在するものと認識されていきます。波動さえ信じられれば、見えない補助線は芋づる式に増えていくのです。

しかしながら、どのようにして波動を受け取ったと実感するのでしょうか。モチベーションも波動も同じく見えない補助線ではあるものの、前者と後者では感触という点において大きな違いがあります。宇宙意思だの神だのと言われても、世俗に染まり切った現代人には遠すぎる話です。が、それらが実感できてしまう仕組みがあるのです。

一つは、閉鎖的な空間です。特異な世界観が支配する閉ざされた場所には、人の世界観を作り替えてしまう恐るべき力が備わっています。第1章で見てきたように心地よい唯一の居場所であるケースも多いため、長い時間をそこで過ごしてしまい染まっていくのです。この空間については次章で改めて論じます。

そして二つ目が、これから解説するネトスピの見事な仕組みにあります。手軽に神秘体験・成功体験ができ、しかもそれが波動や周波数の賜物であると実感できるような仕掛けがあるわけです。

エクササイズで宇宙と一体化

樫尾氏の前掲書や、その類書で掲載されているエクササイズと似たような行為は、ネトスピの世界でも多く見られます。気軽に利用できるよう手が加わっているケースが多いものの、何らかの効果が出ることは、エクササイズが持つ分厚い歴史が保証していま す。神秘体験をすることもあるでしょう。「こんな素晴らしい心地になったのは初めてです」「宇宙と一体化できました」といった声は、そこらじゅうに転がっています。

つまり、答えは簡単です。エクササイズ（またはワーク）による効果の理由が、波動や周波数にあると説明するからこそ、これらの存在がありありと実感できるのです。

たとえば、エクササイズにより波動（または周波数）が高まり神や宇宙意思と繋がった（チャネリングできた）ので、素晴らしい効果が生まれたのだ、といった解説です。この世のものとは思えない神秘体験や、今まで経験したことのない体の変化が生じた人に対し、それをもたらした存在も同様に、人知を超えた存在（神や波動）なのだと教えるわけです。また、その未知なる経験をもたらした何かが人間になってしまうと、たちまち第二第三の麻原彰晃が誕生しうることも分かります。事実、強烈な神秘体験を麻原がもたらしたとする実感が、多くの高学歴エリートたちをオウム信者にしました。

繰り返しますが、モチベーション・やる気・深層意識・スピリチュアル的な波動や周波数のどれもが、突き放して考えれば見えない補助線に他なりません。どれもこれも、その姿形は確認できません。科学的にその存在の実証・測定を試みることはできるのでしょうが、市井に住む私たちとしては、それを実感できたかどうかが全てです。または、自分と同じような感触を、周囲の人々も有しているかどうかが重要のはずです。

スピリチュアルに傾倒する人々が集うネット空間にアクセスすれば、そこではもはや波動や周波数は日常語です。神・宇宙意思・ハイヤーセルフとチャネリングできる人々もわんさかいます。ここに、先のようなエクササイズの大きな効果が加われば、たちまち人は波動やチャネリングを信じるようになるでしょう。

波動という言葉は、とかく汎用性があります。

歌を聞いて感動したのは、歌手と私の周波数（波動）が同調したから。初対面なのに居心地が良いのは、彼と私の波動のレベルが同じだから。なんだか体がだるいのは、私の波動が悪くなっているから……といったように、波動という言葉で説明できる現象があまりにも多いのです。しかも、体調についてはエクササイズをすることで一定レベル復調するでしょうから、ますます波動の存在がありありと感じられます。

これ以上なく簡単に神と繋がれる

ここでは、もう少し具体的に、なぜ簡略化されたネトスピが求められており、そしてどのように変貌を遂げたのかを見ていきたいと思います。

ショートムービーが次々と流れてくるSNS「TikTok」の興隆が象徴するように、SNS全盛の現代においてネット上で流行を勝ち取るためには、短さ・容易さ・手軽さといった要素は無視できません。多忙な現代人は自由時間が限られる一方、ネット上で供給されるコンテンツが増え続けるというアンバランスな状況からか、動画を倍速視聴する人々が増えているとする声もあちこちから聞こえてきます。

ツイッターにしても、そもそも文字数制限があるため、必然的にメッセージは短くなります。複数回にわけて長文を投稿することもできますが、そうした長ったらしいツイートが拡散されにくいことは周知の事実です。現代のネット社会では、短いことは良いことなのです。

こうした状況は、ネトスピも例外ではありません。動画（映画・TV含む）・ゲーム・漫画・ニュース・各種SNSといった膨大なコンテンツのなかから、多忙なユーザーに手を伸ばし、そして貴重な時間を消費してもらうためには、どうしたって長時間を要するスピリチュアルは不利になってしまいます。他コンテンツや同業者に勝利し、一頭地を抜く視聴者数・読者数・フォロワー数を獲得するためには、短時間で楽しめる動画（ショートムービー）や、倍速視聴でも理解できる映画のように、手軽且つ容易にスピリチュアルな世界に浸れた方が有利になるわけです。短時間で特別な自分になれるタイパ（タイムパフォーマンス）のよいスピリチュアルを、時代が求めていると言ってもよいと思います。特に、これから新規参入をしようとする立場からすれば、この時代の潮流に乗らない手はないでしょう。

先に述べたスピリチュアルにおけるエクササイズは、決して本格的なヨーガではありません。しかし、それでも「高次の自己」を感じるためには、それなりの時間と労力が要求されます。坐禅をしたり、瞑想をしたりしながら自分を観察することで高次の自己が出てくるわけですが、手軽・気軽且つ確実に誰でもできるわけではありません。

他方、あるネトスピ界のインフルエンサーによれば、高次の自己を出すことは極めて容易です。ぼーっとしていたり、寝ぼけていたり、風呂でリラックスしていたりするとき、もはや自分自身は高次の自己になっているというのです。それどころか、高次の自己に達するためには頑張らなくてよいとさえ言い放ちます。

同氏は、高次の自己こそが本来の自分であり、それはもはや最高且つ完璧な存在だとも主張します。そしてリラックスする時間を増やし、本来の姿を取り戻していけば、夢の実現・難題の解決・精神的な安定・人生が劇的に変わる等々、様々な効果があるのだと力強く語り掛けるのです。生活を厳しく制限する本格的なヨーガ（スピリチュアル）とは、似ても似つかないネトスピの姿がここにあります。

心の中でエンジェルを呼べば、たとえ自分に何の変化がなくても既に来ているので、必ずお願いをしましょうと解説する別のインフルエンサーもいます。これもまた、あっという間にサムシング・グレート（偉大なる何か）と通じてしまいます。エンジェルに沢山の願い事をして日々を過ごせば、そのうちの一つや二つは叶いますから、たちまちエンジェルは実在するものと認識する人々も出てくるでしょう。

サムシング・グレートとの繋がり方は他にもあります。また別のインフルエンサーは、誰でも確実にチャネリングできる方法があると豪語しています。先の例では、エンジェルは絶対に来るしお願いも聞いてくれるけど、エンジェルの声が必ず聞こえるとまでは言いませんでした。確実にチャネリングができる方法があるとは、随分と大見得を切ったように思えます。

実際、二〇一〇年に出版された鈴木啓介氏の著書『はじめてのチャネリング』（ビジネス社）のような、少し古めのチャネリングに関する書籍を紐解けば、神や宇宙から受け取ったメッセージと妄想の区別は難しく、悩ましい問題だといった旨が見られます。

たしかに、この両者を区別するのが難しいことは、スピリチュアルの世界に属さない私たちでも容易に想像がつきます。仮にチャネリングができたとして、その結果と妄想をどのように判別するのかは難儀なことでしょう。誰でも手軽にをモットーとするネトスピとしては、特に由々しき問題でもあります。

しかし、この難所の解決方法は実に見事でした。頭に浮かんだ閃き・言葉・イメージ等の全てが、チャネリングの結果だと見なしてしまったのです。要するに、妄想などこの世に存在せず、全ては神・宇宙意思・エンジェルといった、人知を超えた何かからのメッセージだと整理するのです。難問を解くのではなく、難問そのものを消してしまうという対処法は、まさにコロンブスの卵とでもいうべき画期的なアイデアと言えます。私は心の底から感心しました。

また、このチャネリングの方法を信じることができれば、いかようにでも事実と事実を繋げることができるようになります。第1章にて、神の命により動いた科学者が銀河連合の技術を使いワクチンを解毒したという、わけのわからない話を紹介しましたが、そんなイメージが頭に浮かんだら、それ即ちチャネリングの結果であり神の言葉ですから、たちまち裏付けがなされます。この世で説明できないものなど、ただの一つもなくなることでしょう。

しかし、そう膝を打っている場合ではありません。スピリチュアルには、自己を絶対化してしまい、たちまち麻原彰晃やオウム信者と同様の存在になってしまうという非常に大きなリスクがありますが、そんなことはどこ吹く風だからです。これ以上なく容易に「最高且つ完璧な高次の自己になれる」「サムシング・グレートを呼び出すことができる」「チャネリングにより神・宇宙意思の声を聞ける」となれば、それは積極的に自己を絶対化するよう仕向けているようなものです。

思考は現実化するのか

ネトスピは従来的なスピリチュアルだけでなく、自己啓発書からも大きな影響を受けています。ネトスピ界のインフルエンサーによる書籍・ＳＮＳ・ブログ等を読み漁り、数々の動画を視聴していくと、有名な自己啓発書の主旨そのものであることもよくあります。ナポレオン・ヒルによる『思考は現実化する』に至っては、もはやネトスピの種本の一つと言ってよいと思います。

同書は、成功には法則があると主張する有名なベストセラーです。鉄鋼王と呼ばれるアンドリュー・カーネギーによる、ナポレオン・ヒル博士への提案がキッカケで世に出ました。その提案とは、カーネギーが得た成功ノウハウを、一つのプログラムとして完成させるというものでした。

ところが、五百名へのインタビューを要求するうえに、カーネギーからの資金援助はありません。自分の成功ノウハウを教えるのだから、君は成功するに決まっているという理由からでしたが、なかなかの横暴ぶりです。

同書のエッセンスは「合理的・計画的なポジティブシンキング」にあります。消極的な思考になり挑戦を止めると、成功する確率は自動的にゼロになります。松下幸之助が「成功の要諦は、成功するまで続けるところにある」と考えたように、諦めない限り成功するチャンスはいつまでもあり続けます。言い換えれば、失敗して落ち込むのではなく、すぐに失敗から成功の種を探し出すというマインドが大切なのだと説くわけです。

くよくよと悩み無駄な時間を浪費するのではなく、成功させる理由を積極的に探し続け、そして合理的・計画的に動いていく。『図解　思考は現実化する』（きこ書房）には、そんなマインドを下敷きとした「願望実現のための6カ条」として、次のように分かりやすく整理されています。

①あなたが実現したいと思う願望を「はっきり」させること。※単にお金がたくさん欲しいなどというような願望設定は、まったく無意味なことである。
②実現したいと望むものを得るために、あなたはその代わり何を「差し出す」のかを決めること。※この世は代償を必要としない報酬など存在しない。
③あなたが実現したいと思っている願望を取得する「最終期限」を決めること。
④願望実現のための詳細な計画を立てること。そしてまだその準備ができていなくても、迷わずにすぐに行動に移ること。
⑤実現したい具体的願望、そのための代償、最終期限、そして詳細な計画、以上の4点を紙に詳しく書くこと。
⑥紙に書いたこの宣言を、1日に2回、起床直後と就寝直前に、なるべく大きな声で読むこと。※このとき、あなたはもうすでにその願望を実現したものと考え、そう自分に信じ込ませることが大切である。

（ナポレオン・ヒル財団アジア／太平洋本部編『【愛蔵版】図解　思考は現実化する』
きこ書房、二〇〇五年）

こうした実践指南もまた、ネトスピの世界でよく見られます。ただし、このうち②から⑤はよく省略されます。『思考は現実化する』と似たような話が頻繁に見られるものの、大概はかなり簡略化されているのです。エクササイズの場合と同様、不断の努力は要求しない傾向にあるのは、タイパ重視のスマホ全盛時代をよく反映しています。

ここでもまた、全く別の著者による具体例を示しておきます。②から⑤は省略されがちだと述べたばかりですが、彼によれば①だけで作業は事実上終了してしまいます。

言葉を口にしたからといって求めるものが直ちに現れるわけではないが、繰り返し口にすればするほど、そして心地よく口にすればするほど、波動は純粋になり、矛盾が少なくなる。間もなくあなたの世界はあなたの言葉どおりのことで満ちあふれるだろう。言葉だけが引き寄せるのではないよ。だが、言葉を口にしたときに生き生きした感情がわけば、それは波動が強いからで、「引き寄せの法則」はきっとその波動に反応して働くだろう。

（エスター・ヒックス　ジェリー・ヒックス著『引き寄せの法則』SBクリエイティブ、二〇〇七年）


確認ですが、この世の全ては波動なのでした。そして周波数を合わせることで、ありとあらゆるものと繋がれるという前提を設ければ、理解がしやすくなるのでした。

だから、言葉を口にする等の行為により、引き寄せたいことに意識を集中させ波動（周波数）を調整すれば、その引き寄せたかった出来事（経験）・人・モノといったものが、自ずとやってくると考えるわけです。世俗的な言葉で言えば、「類は友を呼ぶ」が比較的近い表現です。

なお、同書は著者のジェリー・ヒックスの質問に対し、夫人であり共著者でもあるエスター・ヒックスの精神世界に登場したスピリチュアルガイド・エイブラハムが回答するという体裁になっています。夫の問いに対し、一種のイタコとなった妻が返答するという状況をイメージすれば分かりやすいと思います。

ジェリーは『思考は現実化する』を読み「全身がぞくぞくと総毛立つような興奮」を

覚え、その内容を実践したところ、ごく短期間に多国籍ビジネスの立ち上げに成功しています。そして、自分が学んだ原則を大勢の人たちに指導をする機会を得ました。

しかし、どうにも指導が上手くいきません。そんな彼がエイブラハムに対し「自分の人生経験を意識的にコントロールしたいと願う人たちのために書かれた入門書」を書くことを望んでいると吐露し、本書の対話がスタートするのですから、この二冊の本に多くの共通点が見られるのも頷けます。

エイブラハムは、宇宙には三つの法則があるとします。「引き寄せの法則」「意図的な創造の方法論」「許容し可能にする術」です。そして三つ目の法則には、自己絶対化の罠に陥らないための仕組みが見られます。

わたしは「許容し可能にする術」を現実に適用する者としてこの物質世界にやってきたのは、自分が思う「真実」に全員を従わせるためではないことを理解している。また画一性や同一性を促進するためにやってきたのでもない。同一性、画一性には、創造性を刺激する多様性がないことが理解できないほど愚かではないからだ。画一性の実現に焦点を定めれば、わたしは創造の継続ではなく終焉に向かうことになるだろう。

だから「許容し可能にする術」は、この地球と地球上の種さらにはこの宇宙自体の存続あるいは生存にどうしても欠かせないし、その存続はすべての「源（ソース）」の幅広い視点から力強く認められている。

（同前）

他にも同書では「あなたがたがこの世界に生まれたのは、自分の周囲に自分が選択する世界を『創造』するためであり、同時に世界が――ほかの人々が選択するとおりに――存在することを『認める』ためだった」ともあります。同書が示す世界観は、相互不干渉的なものだと見てよいでしょう。

同書が示すスピリチュアルな内容に私は共感できませんが、彼らの言語で彼らなりに、他の考えを持つ人々との調和を保とうとしている点には心の底から同意できます。こうした外部との共生を試みる人々に対し、いかに奇々怪々な思考に見えようとも、悪口雑言の類をぶつけたり冷笑したりするべきではないと思います。

さて、同書は少し古めの書籍ですが、ＳＮＳ全盛時代を先取りしたような手軽さも相まって、今なおネット上で盛んに取り上げられています。スピリチュアルの世界に足を踏み入れた方ならば、知らない人はいないだろうというほどの知名度と影響力を誇っているのです。『思考は現実化する』と併せて、この二冊のなかに数多くのネトスピの原型を見ることもできます。

しかし、タイパ重視の時代にそぐわない要素が排除されることで、引き寄せの法則もまた、どんどん簡略化されてしまいます。「許容し可能にする術」のような安全弁は、邪魔なものとして捨象されやすいわけです。

その結果、願うだけで理想的な世界が手に入る（引き寄せられる）という、極めて自己中心的で危うい思考法が、ネトスピの世界にて流行することとなります。この危うい考え方が、自己絶対化への道に通じてしまうことは容易に想像がつきます。大きなリスクが内在するために、戒め・安全弁の類が必須であるスピリチュアル（≠宗教）と、タイパ重視によりそれらを排除してしまうネットの相性は非常に悪いと言えます。

ここで一つ、補足をしておこうと思います。『思考は現実化する』をネトスピの種本だと先述しましたが、さらに源流を辿れば、アメリカで興ったニューソートと呼ばれる宗教運動が姿を現します。禁欲的なカルヴァン主義に反発する形で生まれたニューソートは原罪を否定し、人間の力を過大なまでに評価します。「人間は宇宙と繋がっている」

といったネトスピでもお決まりの考えは、既にニューソートにて見られるものです。ニューソートが源泉となり様々な世界観が生まれ、そのなかでスマホ全盛時代に適合したものが生き残りネトスピになったという見方もできるでしょう。

そんなニューソートは、ナポレオン・ヒルをはじめとした自己啓発書界の巨人たちにも影響を与え、実際にその世界観は自己啓発書にも反映されています。どことなく宗教的な雰囲気が自己啓発書から漂ってくるのも、故なきことではないわけです。

その他にも、スピリチュアルの世界に影響を与えたと思しき存在が多数あります。ありとあらゆる分野の考えを、それも方々の指導者や愛好家たちが混ぜていくスピリチュアルの世界だけあって、その全体像を一般化するのは至難の業です。

また、ネトスピ的な波動についても、『タオ自然学』（の誤読）が源流の一つだと思われます。物理学者のフリッチョフ・カプラは著書『タオ自然学』にて、現代物理学と東洋思想の類似性を指摘したのですが、多くの読者が両者を同一視するという誤読をしたのです。同書がベストセラーとなった結果、スピリチュアルの世界は現代物理学によって、その正しさが証明されているとする考えが、スピリチュアルに傾倒する人々の間で広まっていったわけです。ただし、ニューソートも『タオ自然学』もともに、ネトスピに傾倒する人々が参照しているとは限りません。ほとんどの人は気にも留めていないように感じます。そういった意味で、両者が持つ直接的な影響力は限定的でしょう。

「ネトスピ」×「陰謀論」禁断のコラボ

神といつでも繫がれるということは、もはや自分は神の化身のようなものです。『思考は現実化する』でも登場した「自分次第で見たい風景を選択できる」といったネトスピでも見られる考え方は、自分が神である故に選択できるからだという、危険な論理に帰着しかねません。というよりも、実際に帰着している例が多々見られます。「一人ひとりが神だということを思いだす」「自分自神に聞けば自ずと分かる」「自分にとって心地のよいことが真実」といった、しばしば見られる言葉にもまた、同種の危うさが漂います。

「自分次第で見たい風景を選択できる」とは、自己啓発書では合理的なポジティブシンキングに関する話でした。失敗した計画を目の前にして、ここには成功のヒントが溢れていると見るのか、それとも自分自身が無能であることの証明と見るかでは、その後の成功する確率が変わってくることは論を俟ちません。自分で選択した風景（成功のヒント／無能の証明）の違いにより、行動（合理的・計画的な努力）のあり様が変わってくることで、未来に見えてくる風景（結果の成否）もまた変わってくるはずです。ある種、極めて常識的な話でもあり、ここには大きな異論もないでしょう。

さて、目に見えている世界は、神である自分が創造できるし、いつでも神からのメッセージを受け取れます。だから、自分の直感やひらめきも全て、それは人知を超えし何かがもたらしたという考えになりかねません。頭に浮かんだものは全てチャネリングの結果だとする驚異的な教えもありました。

直感やひらめきは、それ即ち神や宇宙の意思だと考えてもよいです。あらゆるものは波動であるため、あらゆるものは本質的に同じ、つまりは「全ては一つ（ワンネス）」であり、私と神や宇宙との間に隔たりはありません。直感のまま生きることは宇宙意思に従うことに他ならないのです。

何れにせよ、単なる直感の正しさを、神が裏付けるという構図になります。彼らが非論理的な直感を信じるのには、きちんとした理由があるわけです。

肥大化した自己像の元、直感的に真実を悟ることが常態化しても、それが自身の精神世界に留まるのであれば大きな問題はないと思います。

しかし、これがQアノンのような陰謀論に適用された途端、非常に大きなリスクが生じます。ただでさえ荒唐無稽だった陰謀論の世界が、神に裏付けされた直感によって、いかようにでも変わってしまうのです。そしてそれがネット上で拡散すれば、また新たな陰謀論が生まれてしまいます。

陰謀論のなかでもQアノンは、その世界観の受容が実社会へのアクションに繋がるだけに、このメカニズムはことさら危険です。そのうえ、直感を重んじる彼ら故に、論理的な説得は困難を極めます。過ちを認め撤回させることは不可能でしょう。本書冒頭で先述したように、神による裏付けに対し、人間の理性ごときが勝てるわけもありません。

そもそも、論理的根拠に乏しい陰謀論の世界は、ネトスピに染まった人々にとってそれほど違和感がないでしょう。陰謀論者もネトスピを妄信する人々も、論理や実証性を軽んじる点では同じです。

事実、Qアノンが日本に浸透していくのと軌を一にするように、スピリチュアルブログ・動画の内容に陰謀論が混ざっていった例が散見されます。そのなかには、ネトスピ界のインフルエンサーが主宰するブログや動画チャンネルもあり、その影響力は計り知れません。アクセス数を稼ぐために混ぜた可能性もありますが、それで実際に上手くいったのであれば、やはり両者の相性は良いということになります。

ネットの世界で流行するネトスピなので当然ですが、ネットとの相性は極めてよく、しかしその副作用もまた甚大です。

たとえば、ネトスピに傾倒するユーザーが「首相はコロナワクチンを打っていない」と直感したとします。第三者から見れば随分と荒唐無稽な話ですが、彼のなかでは確かなものです。

他方、そんな直感の正しさを、ネトスピとは無縁の人々に対し、あたかも論理的・実証的に伝えることはそう難しくはありません。無限にも広がる情報の海を検索していけば、直感に適合した情報を見つけるのは簡単だからです。収集した情報はフェイクにまみれているでしょうが、もはやフェイクか否かを判断するのは簡単ではないので、さしたる問題にはなりません。そのうえ、同意見を持つユーザーが続々と賛意を表明するため、まるで大多数の人々の総意であるかのような印象さえ与えられます。

第3章　検索すればするほどデマを信じてしまう――ネット社会の罠

中学生以下のネットリテラシー

スマホが急激に浸透した現代とは、ネット社会の基本的な性質を知らない人々が、ネット上に溢れかえった時代だとも言えます。

そんな状況を鑑み本章では、ネットに関する初歩的な話から今日的な問題までを、なるべくコンパクトに説明することから始めたいと思います。

その手始めとして、まずは中学校の教科書を見てみましょう。


インターネットでは、さまざまな情報をすぐに検索して入手することができますが、不正確な情報もたくさんあります。その情報が古くて使えないものではないか、発信者が個人か信用できる組織などかといったように、正しいと判断できる根拠を確認したり、複数の情報を確認したりするなどして、情報の正確性や信ぴょう性を確かめる必要があります。

スマートフォンなどでGPS機能をONにした状態で撮影した写真から位置情報（ジオタグ）が読み取られたり、写真の背景に写り込んだ情報や複数の写真から得られる情報を組み合わせて、場所が特定されたりすることがあり、注意が必要です。

根拠のないうわさや評判が流されることでお店の売上げが減るなどの被害を受けることを風評被害といいます。また、特定の民族や国籍の人を地域社会から排除することをあおるなどの差別的言動をヘイトスピーチといいます。他人に迷惑をかけたり、不快にさせたりするような情報をむやみに転送したり、発信したりしてはいけません。

SNSは、正しく使うととても便利です。一方で、不明確な情報も拡散しやすく、誤った情報で特定の人や会社、地域などが被害を受ける風評被害につながることがあります。情報の発信者、受信者ともに情報の真偽を見極めなければなりません。

（『新しい技術・家庭　技術分野　未来を創るTechnology』東京書籍、二〇二一年）

今どきの中学生は、こんなことを教わっているのかと驚いた方もいらっしゃるでしょう。大変重要且つ基本的なことであり、全ネットユーザーに読んでほしいと心から思える内容です。SNSの基本的な使い方すらままならないスマホ教徒を見ていると、この教科書を読むべきはデジタルネイティブの中学生ではなく、もっと年齢層の高い方々なのではとさえ思えてきます。

先述したとおり、スマホ普及率はここ数年で急上昇しています。全くSNSと無縁であった人々が大量に押し寄せ、そして彼らがスマホ教徒と化している現状は、決して軽んじるべきではありません。「これまでの人生経験で何が正しいか分かる」と豪語する高齢と思しきスマホ教徒も見かけましたが、現実社会とネット社会ではその性質が大きく異なるため、その豊富な経験は役に立ちません。むしろ経験が過信となるため、その自意識はリスク以外の何ものでもないでしょう。身を守るためにも不要なプライドは捨て、是非ともネットに関する基礎基本を知っていただければと思います。

同じ意見がこだまする閉鎖空間

主体的に情報の真偽を精査すればするほど、かえって得られる情報がどんどん偏ることがある——インターネットを使ううえで、いの一番に理解すべきは、この独特の仕組みにあります。使えば使うほど、自分が好みそうな情報が優先的に表示されるようになるのです。

私自身、原稿を書くにあたり、ネットで流行しているスピリチュアルや陰謀論の類を繰り返し検索していたところ、たちまち似たような情報が表示されるようになり閉口しました。ＹｏｕＴｕｂｅにアクセスすれば、推奨される動画のみならず広告までもがスピリチュアルと陰謀論に染まるという有様です。

こうした仕組みは、ネット上のあちこちで見られます。ここではツイッターをイメージして話を進めます。ツイッター上で、スマホ教徒と思しき人たちをフォローすればするほど、たちまち似たようなユーザーがお勧めされていき、水ぶくれ的に同志が増えていくのです。必然的に、ツイッター上では似たような考えを持った人々が集い、大きく偏った情報空間が形成されてしまいます。

また、その閉鎖空間では、特に偏狭な考えと情熱を持った少数の人がおびただしい量の情報を流すため、なお一層、大きく偏った情報が次から次へと流れ込んできます。閉ざされた場所で繰り返し同じ言葉を刷り込むのは、古今東西で見られてきたマインドコントロールの典型的な手法です。身を守るための知恵をつけずネットを利用するのは無謀なのです。

一方、ある特定の考えを持つツイッターのユーザーたちといえども、異なる意見をもつユーザーともつながっている様子が見られるため、主義主張は先鋭化しないとする意見もあります。

しかし、これはスマホ教や政治（ネット右翼・左翼）のような、善悪二元論を前提とする世界では妥当ではないでしょう。彼らは敵を知るため、または相手の主張を小馬鹿にするために、積極的に異なる主義主張を持つユーザーをフォローするからです。同志が集まる閉鎖空間でなされるお決まりの話といえば、敵による支離滅裂な言動への糾弾や嘲笑なので、その敵をフォローするのは自然の流れなのです。

以上のようなネットの仕組みだけでなく、人間がもつ確証バイアスにも注意が必要です。確証バイアスとは、都合のよい情報ばかりを選択し、自説の正しさを「確証」しようとする傾向のことです。必然的に、得られる情報には「バイアス（偏り）」が生じてしまいます。が、これは私を含め、誰しもが有する問題であり、根本的な対策はなかなか難しいでしょう。後述するように、論理性・客観性を重んじたとしても、導かれた結論は仮説にすぎないと理解し、まかり間違っても「真実に目覚めた」といった自己絶対化の罠に陥らないよう心掛けることが大切なのだと思います。

「英雄」も「悪人」も自由自在

一般人以上に芸能人などの有名人はネット上で誹謗中傷を受けやすいのはご存じの通りです。俳優の高畑充希氏は、こうした誹謗中傷について自身のインスタグラムにて「何が悲しいって、それらの言葉はほぼ全て、何かしらの媒体を通して作られた自分に対するものだから。目を見て、身体を触れ合わせた上で感じさせてしまった反感ではないから」と心情を吐露しています（二〇二〇年五月二十九日）。

この言葉からネット上での抽象と捨象のポイントが見て取れます。抽象とは全体から一部分をピックアップすることであり、捨象とはその一部分以外を捨て去ってしまうことです。

面と向かい合い、ある程度の全体像を把握したうえでの批判ならば、まだ分かります。しかし、ごく一部分に焦点が当てられ形成される歪んだ自分が独り歩きし、方々で批判されてしまうのです。

しかも、高畑氏に反感を持ったネット住民により切り取られるため、彼らにとって重要な部分、つまりネガティブな部分だけが摘出されます。場合によっては、悪評を広めるかのようなエピソード集が作られ、それがネット上で拡散することも珍しくありませんし、そこには真偽不確かな情報が紛れていることでしょう。こうして実像とは似ても似つかない先鋭化・抽象化した人物像がネット上で定着してしまうのです。

こうした先鋭化・抽象化のプロセスは、次のようなありがちな具体例でも理解できます。

ネット上のある世界では、Xという政治家が蛇蝎のごとく嫌われています。日本を貶める存在として抽象化されており、過去に彼がなした業績や好ましい人柄は全て捨象されているのです。

一方、Yという政治家はその正反対です。彼の善なる部分のみが抽象された結果、その世界の人々から崇められる救世主となったわけです。

そんななか、Yが新しい政策を実行します。当然のごとく人々は拍手喝采し、これで社会は救われると歓喜します。極度に抽象化された善なるYの政策であるため、その世界では論理的なプロセスにより成功が予見されるのです。

実行されてしばらくすると、その成果とされる証拠が次々と書き込まれていきます。本当に上手くいったかどうかはさておき、栄光あるYの歴史にまた一つ実績が刻まれたのです。実際にはほぼすべての政策において、メリットとデメリットが存在します。だからメリットやデメリットに見えるものにだけ目を向ければ、成功だと言い張ることは容易なのです。必然的に、善としてのYはさらに先鋭化していきます。

一方、この政策に反対していたXは、人々から罵詈雑言を浴びます。政策は成功したことになっているため、それ見たことかと嘲笑されるのです。しまいには、Xには更なる汚名がつけられ、なお一層の抽象化が進んでしまいます。より先鋭化されたXの人物像が、彼を貶める書き込みの連続によって実証されてしまうわけです。

こうして、ひとたび悪者として標的にされた人物には、雪だるま式に悪評なり悪事が積み重なっていきます。過去の報道・自身の書き込み・雑誌記事等々、あらゆる媒体における発言を総点検し、しかも恣意的に切り取ってまで失言・矛盾を作り上げるのも定番と化しています。悪者が何かメディアを賑わせた途端、膨大な過去の発言との整合性を不当なまでに厳しくチェックされるわけなので、標的にされた人物にはほぼ確実に批判すべきネタが生まれます。

悪者が際立てば、その分だけ正義は光り輝きます。標的が触媒になるかのように、善と見なされた存在の輝きはどんどん増していくでしょう。

XとYについては互換性もあります。また別のグループでは、この悪者Xと善なるYはそっくりそのままひっくり返るのです。安倍晋三元首相が典型的な例で、集団によって両極端の評価を受けています。

「真実」が力を失った時代

あまりにも情報が多すぎる。このことを中心に考えていくと、実に多くのネットの特性が見えてきます。

もはや、ネットには無限といってよいレベルの量の情報があり、しかも次から次へと目に飛び込んできます。どの情報にアクセスすべきか、一つ一つじっくり考えている時間などありません。確証バイアスが働くでしょうし、感情を揺り動かされる形で、思わずクリックしてしまうことも多々あることでしょう。

客観性・実証性よりも、感情を揺さぶるような情報が強い影響力をもつ今日の状況はポスト・トゥルースと呼ばれます。私たちは知らず知らずのうちに、心を刺激される情報ばかりにアクセスしており、いつのまにか客観性・実証性をないがしろにしているのです。

そもそも、これだけ情報が次々と押し寄せてきては、一つ一つの信憑性を精査する時間が限られてしまいます。先に引用した教科書には「正しいと判断できる根拠を確認したり、複数の情報を確認したりするなどして、情報の正確性や信ぴょう性を確かめる必要があります」と記されているものの、これを短時間でこなさざるを得ないのが現代人なのです。

たとえ時間をかけられたとしても、なおも困難は伴います。

ネット上に存在する無数の情報を眺めてみれば、肯定／否定を示す証拠がいくらでも見つかります。これでは、いくらもっともらしい証拠だとしても、にわかには判断がつきかねます。精巧なフェイクニュースの作成が利益になる人々もいるので、そもそも情報の真偽を確かめるのは至難の業です。

そんなとき、大事になるのが信用という指標です。信頼できる情報源から発せられているのであれば、それを信じてしまおうという戦略です。時短できますし、あまりに高度な専門性故に、個人では信憑性の確認が困難な場合も有効です。新型コロナ禍に関する情報も、とてもではありませんが、市井の私たちでは何が正しいのかを一から十まで判断することなどできません。

一見すると、この作戦は合理的なように思えます。公的機関や裏どりをしているマスメディアが情報源であれば、無条件に信じることはできないものの一定レベルの信憑性はあります。

しかし、この信用という尺度は実に恣意的なものです。特に、偏狭で閉鎖的なネット空間においては、何を信頼するかはバラバラといってよいでしょう。

なかには、公的機関やマスメディアは、最も信用に値しないと考えているケースさえあります。DSによって支配されているこれらの機関は、国民を洗脳しようとしているのだとみなす世界観がその最たる例です。

特異な世界観に染まった場合、どれほど情報を厳選しているという自意識があったとしても、得られる知識は相当に偏ります。そんな世界観で染まったネット空間が唯一の居場所となり、世俗を信じることができなくなっている人であればなおさらです。

たとえば、総理大臣はゴム人間で偽者だとする奇々怪々な主張でさえ、フェイク御用達のネットメディアの記事によって、あたかもその存在が裏付けられたように見えてしまいます。そんな怪しいメディアを信じるのはおかしいと考えるかもしれませんが、彼らは大手メディアの方がよほど胡散臭いと考えるため、その世界観からすれば合理的な話です。

多くの人にとっては、大手メディアの方が信頼性は高いということは常識です。時折、誤報があるにせよ、概ね伝えていることは事実に即していると捉えている。

ところが、先ほど政治家Xと政治家Yのところで述べたように、マイナス面だけを抽出して、全否定することは容易です。「朝日新聞は従軍慰安婦に関連して誤報を出した」ことと「朝日新聞に載っているのはすべて誤報だ」との間には大きな乖離があるし、他の大手メディアと朝日新聞をすべてひとまとめにするのも乱暴な話なのですが、彼らはそんなことを気にせずに「大手メディアは怪しい」ということを前提にしてしまう。

こうして、彼らとしてはまさに教科書に記載されている内容を遵守しているつもりでも、傍から見ればネットを妄信しているように見えるというギャップが生じてしまいます。そしてこのギャップは、家庭内不和を引き起こす原因でもあります。誰よりも情報を精査しているという自負のある彼らに対し、洗脳・妄信といった言葉は厳禁です。溢れかえるフェイクニュースに対処すべく、各々の現場にて多大な努力がなされていますが、決定打と呼べるような解決策は見つかりません。ネット規制をするにしても、基本的人権である表現の自由とのバランスを取るという、相当難儀な課題が待ち構えています。特に日本の場合、新型コロナ禍で再確認されたように、私権を制限するのが大変に難しい。その効果・是非はさておき、ネット規制というカードを切りにくいので、解決はより一層困難になります。

フェイクニュースほど拡散しやすい

信憑性の確認が難しい現状を示唆するように、フェイクニュースの方が拡散しやすいことを示す幾つかの研究結果があります。

そのうちの一つが、マサチューセッツ工科大学のソロウシュ・ヴォスーギらの研究です。ファクトチェックにより真偽が判定された情報が、どのように拡散していったのかを調査したのです（"The spread of true and false news online" Science ／二〇一八年三月九日掲載）。正しいニュースとフェイクニュースがそれぞれ何人によってリツイートされたか、どれほど情報が広がっていったか、拡散する速度はどうだったか等、多面的に調査していった結果、事実よりもフェイクニュースの方が大きな影響力を持つと結論付けられています。

フェイクニュースが力を持ってしまうのは、ポスト・トゥルースをもたらしたネット社会を鑑みればごく自然な話だと思います。より感情を揺さぶり、よりクリックさせるよう最適化されたニュースの作成を目的とするならば、裏どりや科学的考察など邪魔でしかないためです。常識的な話よりも非常識な話のほうが驚きなどの感情を喚起しやすい。たとえ一部でも信じてしまった人は積極的に拡散に手を貸してしまうのです。

一方で科学に裏打ちされたようなファクトはネット上では支持を得づらいようです。現代科学の粋を集めたネットと相性が悪いとは皮肉な話ですが、その理由を考えるには、そもそも科学とは何かを知る必要があるでしょう。

高校でも習う古典物理学では、質点という奇妙奇天烈なものが存在します。なにせ、大きさはゼロなのに質量が存在するというのです。

非現実的なだけではありません。この質点を、私たちは頭のなかで具体的に想像することができるでしょうか。白い翼の生えたペガサスも、頭が三つあるキングギドラも現実には存在しませんが、頭のなかでイメージすることは容易です。爬虫類人やゴム人間だって、なんとなく想像することはできます。

ところが、質点の場合はそれさえも難しい。こんな質点などという訳の分からないものが、そこかしこに転がっている古典物理学の世界を信じるなど、狂気の沙汰にさえ思えてきます。

しかし、一見すると無理のある設定を整えたことで、数学という強力な武器を手に入れました。単純化された世界（モデル）をこしらえることで、数式で綺麗に表現することに成功したのです。これが複雑怪奇な世界のままであれば、あまりにも考慮すべきこと（変数）が多くなりすぎてしまい、とてもではありませんが古典物理学は完成しえません。数学を手にした古典物理学は、どんどん法則を発見していきました。

しかし、そうは言っても前提が空想的です。質点のような代物が跋扈する世界で見つかった法則など、全く信用に値しないように思えます。

ところが、実験や経験的事実により正しさが一定レベルで実証されることによって、この難点は解消されます。想像さえ困難な架空の世界を想定するにもかかわらず、その世界で発見された諸法則は現実を捉えているのです。ただし、新たな実験により欠陥が見つかる可能性があるので、どれほど実験を繰り返して完成度を高めたとしても、古典物理学は仮説のままです。

古典物理学は、これ以上ないくらい論理的・実証的に思える一方、大きな弱点もあります。その堅牢さ・厳密さ故に、語ることのできる世界が非常に限られてしまうのです。暴論ですが、古典物理学同様の方法しか認めないのであれば、たちまち社会科学は崩壊するでしょう。

しかしながら、基本的に他の科学も仮説でありモデルだという点は共通しています。まるでおとぎ話のような単純化された世界（モデル）をこしらえ、そこで発見された法則を実証したり、現実の世界では不可解だった現象・モノの仕組みや原因を突き止めたりします。各科学によってモデルの精度にはバラつきがあれども、複雑な現実をそのまま眺めていては分からない大切なものや未来が見えてくるのです。

繰り返しますが、科学は仮説でありモデルです。だから、ネット空間にて影響力を持ちやすい断言・極論の展開が困難です。どうしても「～の可能性がある」「～は否定できない」といった曖昧な表現になりがちです。ここにネット上でフェイクに勝てない原因があります。

また、モデルを作ったり実証したりするにあたり、各科学固有のルールや前提の遵守が求められる一方、フェイクニュースの作成には制限がありません。映像を加工し証拠を捏造することさえ日常茶飯事です。「科学的であるが常識的で抑制のきいた表現に基づいた情報」と「科学などは関係なく、面白くて驚きの新事実が盛りだくさんの情報」と、どちらがアクセス数を稼げるか、残念ながら火を見るよりも明らかです。

しかしながら、一個人としての防衛策ならばあります。科学的だとする主張にもかかわらず、やたらと歯切れがよい主張には注意するということです。感情を動かすような断定口調のものは、科学が悪用されていたり、そもそも全く科学的ではなかったりするケースが多いと考えればよいのです。フェイクニュースに対する根本的な解決策がない以上、私たち一人ひとりが成熟し、新しい情報社会に対応する必要があります。

『アンパンマンのマーチ』特攻隊起源説

フェイクニュースは意図的に作られるものだけではありません。自然発生的に生まれることもあります。

「アンパンマンのマーチは特攻隊員に向けて作られた！」などという見出しの記事や動画がネット上に多数存在することをご存じでしょうか。ブログ・ＹｏｕＴｕｂｅ・ツイッターのみならず、驚くことにＴｉｋＴｏｋにさえ拡散しています。
同曲一番の歌詞は次のとおりです。

そうだ　うれしいんだ
生きる　よろこび
たとえ　胸の傷がいたんでも

なんのために　生まれて
なにをして　生きるのか
こたえられないなんて
そんなのは　いやだ！
今を生きることで
熱いこころ　燃える

だから　君は　いくんだ
ほほえんで
そうだ　うれしいんだ
生きる　よろこび
たとえ　胸の傷がいたんでも
ああ　アンパンマン
やさしい　君は
いけ！　みんなの夢　まもるため

（作詞・やなせたかし）

幼児向けのアニメとしては、かなり哲学的な歌詞ではあるものの、普通に読めば特攻隊員に向けた歌だとは思えません。

しかし、特攻隊員に向けた歌だという前提を設けることで、たとえば次のような解釈ができます。

若くして散華する運命にある特攻隊員が「なんのために生まれて　なにをして生きる

のか」と自問する。答えが出せなくては、死んでも死にきれない。「こたえられないいなんて　そんなのはいやだ」という思いが頭を駆け巡る。

苦悶の末、祖国のために「今を生きる」のだという結論に達し、若者の熱い心が燃える。もっとも、そう解釈する以外、彼は肯定的に前を向くことができなかったのかもしれない。

親孝行もせず先立つ自分を考えると胸の傷が痛みだす。しかし、そんな家族や故郷の未来のためと思えば、笑顔で別れを告げられる。残された僅かな時間にも生きる喜びが感じられ、嬉しさも込み上げてくる。死が近づくなかでさえ他者を思いやる優しい彼は、みんなの夢を守るため出撃していく。といった具合です。

また、二番以降の歌詞には「時は　はやく　すぎる／光る星は　きえる」や「そうだうれしいんだ／生きる　よろこび／たとえ　どんな敵があいてでも」といった、これもまた特攻隊員と結びつけた解釈ができそうな歌詞が並んでいます。Qによる投稿をユーザーが自由に解釈することで、根拠なき世界観や話が拡散していったのと同様の図式です。

ただ、このような不可思議な話が流通してしまう理由もあります。

まず、原作者である、やなせたかし先生の弟が特攻隊員であり、戦争で命を落としている点が大きいでしょう。各著作で何度も弟の死について言及していることから、やなせ先生に多大な影響を与えたことは想像に難くありません。

実際、弟の死を念頭に置きつつ歌詞を読んでみると、たしかに特攻隊員への歌にも思えてきます。特攻隊説を主張する動画には、感情を揺さぶられた視聴者たちが多くのコメントを残していて、「感動しました」「学校の授業で習いました」「やなせ先生がそう言っているのをテレビで見た」などというものも目に付きます。が、授業で習う可能性はありますが、テレビでやなせ先生本人が話すはずはありません。というのも、著書で次のように述べているからです。

> ぼくはそんなつもりはなかったのですが、「アンパンマンのマーチ」が弟に捧げられたものと指摘する人もいます。それだけ、弟と最後の言葉を交わした記憶が深く残っていたのでしょう。
>
> （やなせたかし著『ぼくは戦争は大きらい』小学館、二〇一三年）

ということで、「テレビでやなせ先生が言っていた」はフェイクでしょう。人間の記憶は相当いい加減だということを思い知らされます。政治的な利害やネット上の偏狭な世界観とは関係が薄いので、この説は自然発生したと考えるのが妥当だと思います。

一方、やなせ先生が無意識に作ったという説までは否定できません。私自身、弟の死がやなせ先生に大きな影響を与えたと考えることには同意しますし、何らかの影響を歌詞にも与えている可能性はあると思います。

実際、弟の死や戦争体験を抜きにして、やなせ先生の創作活動は語れないとさえ考えます。戦中／戦後で軍隊が正義の英雄から悪者に変わり何が正しいのか分からなくなったけれど、飢えた人に食べ物をあげるのはいつだって正しいという実体験がアンパンマンに投影されているのは有名な話です。

一方、だから『アンパンマンのマーチ』は特攻隊の歌だとする強弁には同意できません。

様々な資料を読み正体に近づこうとすればするほど、見えてくる姿は往々にして平々凡々になっていきます。現実がそうであるように、エモーショナルなストーリーなんてそうそう存在しません。

このことは、『アンパンマンのマーチ』でも同じです。この曲に関する情報を洗い出せば、実に様々なものが見えてきて、同曲を巡るストーリーはどんどん複雑且つ平凡になっていきます。

歌詞の「なんのために生まれて　なにをして生きるのか」という部分については、ぼくの人生のテーマソングだとやなせ先生は話すし、映画『それいけ！アンパンマン　いのちの星のドーリィ』という同曲をテーマにした名作もあります。『アンパンマンのマーチ』がやなせ先生にとって大切な歌であることは間違いありません。

しかし、「曲が送られてきて、メロディーを聞いているうちに詞ができちゃった」という発言があるように、書籍を読み漁れば漁るほど、ネット上で見られるようなエモーショナルなものからは遠ざかっていきます。また、「愛と勇気だけが友達さ」という歌詞が特攻隊員と結び付けられて語られることもありますが、この部分は俗説の中でも特に怪しい。

「アンパンマンは愛と勇気だけで他に友だちはいないんですか？」と質問されることがある。友だちも仲間も大勢いる。友情で結ばれている。しかし命がけで自分を犠牲にしても戦う時は自分一人、他人の協力をあてにしないということだ。
ぼくは大変小心で臆病なところがあり、いつも怯えがちだが、ここぞという時は自分一人、他人をあてにすることはない。
あてにして外れた時は恨むことになる。自分一人のほうが気楽だ。失敗した時には他人に迷惑をかけないのがいい。それがあの歌になったのだ。まことに立派な心がけのようだが、実像は小心だからお笑いである。

（やなせたかし著『天命つきるその日まで』アスキー新書、二〇一二年）

これもまた、強引に特攻隊と結び付けられるのかもしれません。が、むしろそんな大きな話ではなく、やなせ先生の性格が反映されていると見なすのが素直な読み方でしょう。

さらに加えると、やなせ先生の正義に対する考え方も、特攻隊起源説への違和感を大きくします。アンパンマンワールドは不老不死だという設定がある一方、やなせ先生は『わたしが正義について語るなら』（ポプラ新書）等にて、アンパンマンは、ばいきんまんを殺そうと思えば殺せるし、それはばいきんまんも同様だといった旨を語っています。

やなせ先生が持つ、絶対的な正義や悪などないという考えが反映されているのですが、このような世界観と特攻隊はどうすれば結び付くのでしょうか。

こうして、「無意識に特攻隊の歌を書いたという説は疑わしいものの、完全に否定するのは難しい」という、何とも煮え切らず、面白くも何ともない平凡な結論が手元に残ります。こんな面白味もない話を披露してみたところで、決して流行することはないでしょう。粗雑に情報を取り扱い、時には無理筋の強弁までして作られるストーリーの方が力を持ち、時間をかけて調べ上げ、慎重に取り扱った側が全く影響力を持たないという皮肉な構図が見えてきます。

『アンパンマンのマーチ』特攻隊起源説がそうであったように、フェイクニュースのなかには断片的な事実が含まれることが多く、それがあたかも客観性を与えているかのような錯覚をもたらします。そして断片をつなぎ合わせ、感情に強く訴えかけるようなストーリーを作れば説得力が生まれもします。

事実も含まれるだけに、相手が納得する完璧な反論は容易ではありません。また、しばしばフェイクニュースを事実と認めた人たちが熱心且つ感情的に拡散するのに比べ、結論が判然としない主張を少数派が冷静に展開したとして、それほど拡散はしないでしょう。影響力は雲泥の差です。

フェイクニュースの生みの親は、実は自分かもしれないということ。そしてその多くは、正義感・使命感・感動といった感情の高ぶり、高揚感がもたらすことを、現代社会に生きる私たちは知る必要がありそうです。

旧統一教会と安倍元首相

調べれば調べるほど、往々にして話は複雑且つ平凡になると先述しましたが、同様のことは旧統一教会と安倍元首相についても言えます。安倍元首相殺害事件で逮捕された山上容疑者が抱いた恨みの矛先が、いかにして安倍元首相に向けられたのかを説明するシンプルなストーリーは見えてきません。教団に最もダメージを与える方法だったので標的にした等々、それなりに説得力のある推理はできますが、それほど単純化できるとは思えませんし、そんな簡単に片付けてよいレベルの事件ではないはずです。

『日本を壊した安倍政権』（田中信一郎ほか著・扶桑社）という、安倍元首相への手厳しい批判の数々が記された本があります。その過激な書名から、安倍元首相を嫌悪する著者による偏向的な内容を想起するかもしれません。

しかし、そんな同書でさえ、第一次安倍政権までは、安倍元首相が統一教会と距離を置いていたことを認めています。山上容疑者の母による多額の献金が原因で家庭が崩壊していった時期、安倍元首相と教団の繋がりは薄かったと言えますし、もっと深い関係にあった他の政治家がいたに違いありません。第二次安倍政権の発足後、両者の結びつきが強まったとして、それが殺意に繋がるという話には飛躍があります。『統一教会とは何か』(有田芳生著・教育史料出版会)では、著者の執念さえ感じる緻密な取材により、統一教会と自民党との関係が詳らかにされてはいるものの、そこから一足飛びに安倍元首相が標的になってしまうのは、やはり解せません。

容疑者の思想信条についてもまた、短絡的な見方が相次ぎました。事件発生直後は安倍元首相を憎む左翼的なネット言論に影響を受け殺意を持ったという説が浮上しました。ところが、容疑者の書き込みが明らかになるにつれ、今度は反対に安倍シンパだったとする論も浮上します。が、そういった主張をしていたメディアや論者たちは、本当に全ての書き込みを読んだのだろうかと思います。きちんと精査すれば、彼は理性的に物事を考えられる人間であり、結論ありきの言論を嫌っていたことは明白です。筆者が読む限り、山上容疑者は建設的な主張には与党・野党を問わず賛意を示し、逆に結論ありきの論ならば、やはり論者の思想信条を問わず手厳しく批判をする姿が確認できました。容疑者のツイートを幾つかピックアップすれば、ポジショントークをしているように見えるかもしれませんが、その見方は間違っています。当然、安倍元首相に対しても是々非々の立場でした。山上容疑者が一貫して高く評価していたのは石破茂氏なので、石破氏のシンパとするならばまだ分かりますが、安倍シンパだとするのはお門違いです。

彼の政治観もまた、原理主義的で直情的な主張が目立つ他のネットユーザーと比べれば、現実的且つ常識的なもので、大人の視点だという印象さえ持ちました。

例えば、次のような二大政党制に対する捉え方です。多くの人々に受け入れられるであろう、真っ当なものだと思います。

「地政学的に日米安保の堅持が必須である以上、国際社会においては反共という意味での保守もまた堅持しなくてはならない。よって、健全な二大政党制をつくるならば、国際的（対外的）には両政党が保守で一致し、国内的には保守とリベラルで分けるという姿しかない。しかし、共産党が国内のリベラル勢力に食い込むがために、リベラルが国際社会における保守（反共）たりえず、現実的な二大政党制の実現が阻害されている」

――まとめると、このような見方を山上容疑者は述べていました。保守と反共を同一視してよいのかといった指摘はあるでしょうが、言葉足らずになりがちなツイッターの投稿に対しそこまで目くじらを立てるのは不当でしょう。むしろここで注目すべきは、彼は決して短絡的な「ネット右翼」や「ネット左翼」の類ではなく、バランスの取れた思考ができる人間だったということです。

以上のような考えからも分かるように、容疑者は安倍シンパどころか、積極的な自民党支持者でもありませんでした。本人の言葉を借りれば「それなりに自民党支持」といったところです。同党に対する批判ツイートが散見されますし、野党が二大政党制の任に耐えうる言動を取った際には賛意を示し、その実現を期待しています。政治的なスタンスでいえば、ごくごく普通の人としか言いようがありません。容疑者と同様の考えを持っている方も相当数いらっしゃるでしょう。眉をひそめてしまう棘のある書き込みも目に付きますが、ネット上に溢れかえる過激な主張と比べれば特筆すべきものでもありません。

ただし、旧統一教会と同教団を生んだ韓国の話になると、彼の理性は完全に吹き飛んでしまい、途端に感情的な言葉で埋め尽くされます。彼は右派／左派とか与党／野党で線を引いているのではなく、自身でも制御しえない旧統一教会と韓国への激しい憎悪に触れたか否かが分水嶺になっているのだと思います。

そんな彼が、どうして凶悪犯罪を起こしてしまったのか。その明確な動機や経緯は未だ判然としません。本人の供述や公判でも完全にはわからないかもしれません。

しかし、彼が自分の世界観（物語）を歪に作り上げる際に、ネット上の情報が深く関与している可能性が高いであろうことは、容易に想像がつきます。過剰なまでの憎しみを向けられるほどの巨悪として誰か・何かを先鋭化させたうえに、その反作用として自己を絶対化してしまうネットの危険な特性は、決して軽視すべきではありません。この件については、第５章で後述したいと思います。

陰謀論はドキドキしてワクワクする

陰謀論が生まれ、そして拡散する過程においても感情の高ぶりが関係しています。

作家の副島隆彦氏は、陰謀論は「権力者共同謀議理論」だと考えます。学閥のような非公式の組織に集った権力者たちが謀議し、表の組織に大きな影響を与えているというイメージです。建設業界と官僚・政治家による談合も該当します。これであれば、大なり小なり陰謀論の実在は誰もが信じるでしょう。

ただ、それが行き過ぎてゴム人間とか爬虫類人とか宇宙銀河連合といった、奇想天外な話に発展してしまうため、今や陰謀論者はおかしな人というレッテルを貼られがちです。

なかには、陰謀論と聞くとノストラダムスの大予言と、そこで繰り広げられた頓珍漢な予言解釈を思い出す方もいらっしゃるでしょう。実際、当時繰り広げられた予言のなかには、流石に度が過ぎるものが相当混ざっていました。

『トンデモ　ノストラダムス本の世界』（山本弘著、洋泉社）には、そんな奇矯に思える人々による壮大な予言が沢山紹介されています。世界が滅亡する、大地震が起きるといったものは序の口で、「人間とトドを人工的に合成した新生物が出現し、ついには人類を征服する」「板東英二が『世界ふしぎ発見！』を支配」するといった、ユニークすぎるものも散見されます。

解釈の方法も物凄い。ノストラダムスの詩に書かれた「ciel（天）」という文字から「l」の一文字を抜いて並び替え「ice」とし、アイス→氷→コーリヤ→コリア→韓国だと解釈してしまう。そして、韓国の盧泰愚大統領が暗殺される予言だとするのです。

この手の強引な解釈は、日本のノストラダムス研究の世界ではありふれていました。

私自身も熱心な読者・視聴者だった某漫画や某テレビ番組でもよく目にしたし、それらを信じてしまった同級生もいました。そんなことはないから安心しようと話したものの、なかなか説得できなかったことをよく覚えています。ちなみにですが、現下の日本においても新型コロナの株の名称であるDelta（デルタ）とOmicron（オミクロン）を並び替えるとMedia Controlとなり、これを闇側からのメッセージだと解釈する人々がいます。

さて、世界を滅ぼすアンゴルモアの大王が降臨すると予言されていた一九九九年七月が終わっても、地球は何も変わりません。滅亡の時期を後ろにずらす者や、あれは円高の予言だったのだと強弁する豪傑も現れますが、それも限界がきます。ノストラダムスの予言を盛んに取り上げていた某漫画では、主人公が突然病に倒れて調査が中止になるという超展開で最終回を迎えました。なお、その後も同作は、新たな地球滅亡のシナリオを引っ提げ定期的に復活しています。根強い人気があるのでしょう。その内容を全く信じていないコアなファンがいるように、陰謀論の類をエンタメコンテンツとして楽しむ人々もいるわけです。

そんな陰謀論を愛好する人々の内在的論理を知るうえで、副島氏による次の記述が大変に示唆的です。

「陰謀論なんか信じてるようなヤツは、頭がおかしいんだよ。バカな奴らなんだよ」と、こういう宇宙人や霊魂の存在を、鼻で笑って、せせら笑う人たちがいます。

ところが、ですね。そういうマジメ人間の「おれはまともだ。正常だ。あんな頭のオカシイ連中とは違う。おれ（ワタシ）は社会常識のあるきちんとした人間なんだ」と自分のことを正常人として立派に生活していると思い込んでいる、そういう人ほど、案外、この手の陰謀論の本を隠れてコソコソ書店で手に取って、読んでいたりするんですよ。

……そう、アナタ、アナタのことですよ。胸がドキドキしてワクワクするでしょう。

胸がドキドキしてワクワクする、というのは大事なことです。これがないと生きている甲斐がない。世の中には、ビックリするような裏側の秘密、すなわち隠されている真実というのがたくさんあります。ですから大切なことは疑うことです。「アレ？ ヘンだな」と思うことです。「もしかしたらそう（普通世の中で言われているとおり）ではないのではないか。テレビ、新聞が言っていることはウソなんじゃないか」と大きく疑ってみることです。そうしたらこれまでとは違う新しい世界が見えてきます。

（副島隆彦著『陰謀論とは何か』幻冬舎新書、二〇一二年）

誤解なきよう付け加えると、副島氏は全ての陰謀論を推奨しているわけではありません。同書では、爬虫類人が地球原人を支配しているとするデーヴィッド・アイク著『大いなる秘密（上）　爬虫類人』（三交社）について、「秘かにひとりでドキドキしたい人たちはどうぞ読んでください。この本が極めつけです。しかしこういう宇宙人、異星人はどうせ実在しない」としています。

さて、先の引用文から、陰謀論の魅力が見て取れます。スマホ教徒たちが「事実と事実の裏を読むと、知らなかった世界が見えてきた」「点と点が繋がったとき全てがわかって覚醒した」といった話を口にするように、一種の興奮やカタルシスが陰謀論の世界にあるのです。

点と点が繋がるとは、一見するとバラバラに思える事実と事実が繋がり、一つのストーリーになることを指します。不可解に思える入札、不穏な動きをする関係者といったバラバラの事実が、談合という不正によって一つに繋がるというわけです。そこには、サスペンスドラマや推理小説から得られるようなドキドキがあります。他の人は知らない真実を知ることができたという優越感が付随することもあるでしょう。人間は偶然に思える出来事に対し何らかの説明を求めるといった人文学的な考察や、各種バイアスを用いた心理学的な知見が示す通り、私たちは物語を求めます。

点と点が繋がってできるストーリーは、たとえば次のような事例が挙げられます。

・コロナ禍以後、芸能人の自殺が相次いでいる（事実①）
・世界を支配するDSは小児性愛者の集団であり人身売買をしている（仮定①）
・アドレナクロムという若返り薬を、世界中のセレブや日本の芸能人が愛用しておりDSの資金源となっている（仮定②）
・某製薬会社は百㎎あたり七万円弱の高値で販売していた（事実②）
・アドレナクロムは、恐怖した子供の脳内にある松果体から生じるため、DSが子供たちを誘拐・虐待している（仮定③）
・自殺した俳優は、アドレナクロムの隠語である「白ウサギ」を、暗に伝える投稿を複数回していた（相当なこじつけですが、投稿そのものは事実③）
・匂わせ投稿により悪事をばらそうとした俳優は、闇の組織によって殺されてしまった

（仮定④）

このストーリーを信じることで解消される疑問

①なぜ芸能人はあれほど若々しいのか

②なぜ前途洋々の芸能人たちが、何の前触れもなく自殺するのか

③世界中で子供たちが行方不明になっているが、どうして見つからないのか

事実と仮定が入り交ざった支離滅裂な話に思えます。

しかし、ネットの世界に沈潜することで、仮定①が事実だと確信するに至った途端、まるでドミノ倒しのように全てが繋がっていきます。

ＤＳの存在を確信できれば、彼らが隠しているフリーエネルギーや、あらゆる病を治療するメドベッドもまた信じられるのですから、若返り薬の存在くらい、あっても全くおかしくありません。驚異的な若さを保つ芸能人の存在も相まって、仮定②は信用に値する事実となっていきます。

仮定③と④にしても、小児性愛者で人身売買をする巨悪・ＤＳならば、十分にありう

る話です。そして何よりも、これらが真実だと考えることで、数々の疑問が一気に解消されます。前途洋々だった芸能人が突然自殺したという疑問が残るストーリーよりも、仮定①が事実となることで繋がる新たなストーリーの方が、説得力が生まれてしまうわけです。

こんな突飛な話を信じている人も、当初はただの空想に見えていたはずです。

しかし、ただ一つ、仮定①さえ信じられれば、かつて妄言に見えていた無数の点が、突如として真実になってしまう。これまでは見えなかった真実たちが燦然と輝く、全く新しい世界が一気に広がるのです。そのときに生じるだろう高揚感は、きっと格別なものに違いありません。見えない補助線（仮定①）の実在を確信した途端、事実と事実が見事なまでに繋がります。

補足すると、最初に確信した仮定が①ではなくても、ほぼ同じことが起きます。全てが繋がったストーリーであるために、どれか一つの仮定さえ信じられれば、論理的に他の仮定も信じられる可能性が高くなるからです。スマホ教徒がよく口にする「あるとき、突然真実に目覚めました」といった言葉は、ただ一つの仮定を真実と認識した途端、一気に他の仮定までもが真実となり壮大なストーリーができることで、劇的に世界観が変わった現象を指すのでしょう。その結果としてテレビをはじめとしたマスコミを一切信じなくなり、ネットに信頼を寄せるようになるのはよくあるパターンです。

その他にも、「ＤＳやワクチン接種者に囲まれた生活」と「光側である自分に生じた変調」を「ＤＳによるケムトレイル攻撃」や「シェディング」という見えない補助線（仮定）で繋ぐことで、ますます世界観が歪んでしまう例があります。シェディングとは、ワクチン接種者から未接種者へワクチンの毒が伝播するという、エビデンスなき見えない補助線を指します。

ケムトレイルやシェディングのような見えない補助線の害に対しては、松葉茶、塩化マグネシウム風呂、ヨモギ、ビタミンＣといった、民間療法的な解決策が同志から提示されるのがお決まりのパターンです。効果があったとする数多くの体験談と、証拠らしきものが閉鎖空間に満ち、たちまち怪しげな治療法が医者の知見より信じられてしまうという光景は、もはや見飽きてしまうほど定番となっています。効果の有無はさておき、松葉茶やヨモギといった具体的な解決策を手に入れることで、一時的にせよ安心という効用が得られるわけです。

こうして、ＤＳや光の軍といった無理のある設定により生じた現実の矛盾に対しては、ケムトレイルやシェディングのような新しい補助線を導入することで、とりあえずの解決を見ます。が、松葉茶やヨモギが効かず窮地に陥れば、またしても新たな補助線が必要となります。一度ついた嘘を隠すため嘘を重ねるがごとく、どんどん理解不能な補助線が引かれていくことで、世俗からの距離が遠くなっていくのです。

物語は、分からない何かに理由を与えます。正体不明なリスクは対処方法も不明であるため人を不安にさせる一方、もしそのリスクが物語によって判然としていれば、危険を回避するための具体的な行動を取ることができます。私たちは自己防衛のため、無理筋にでも物語を読み解こうとする癖があるのです。ネット上の荒唐無稽な世界を信じてしまうのもまた、そんな習慣が遠因かもしれません。

世論を操作するフェイクアカウント

陰謀論やフェイクニュースをばらまくのは人間だけとは限りません。

ネット上には、人間のように振舞うボット（bot）と呼ばれるアカウントがあります。ボットは年々進化しており、今や人間のアカウントともそれらしく会話できるため、即座に見分けるのは困難です。

事実、世界各地にて、膨大なボットを悪用し世論形成を図る事例が見られます。ボットによる無数の書き込みを検知したアルゴリズムが、その作られた世論が流行しているとみなし、さらにネット上に拡散してしまうのです。傍から見れば人間に見えてしまうボットが投稿するのですから、アルゴリズムが騙されるのも仕方がありません。

試しに、とあるツイッター上のボットの様子を見てみると、さも人間であるかのようなやり取りが確認できます。「ゴールデンウィークが終わってしまった」といった旨のツイートに対しては「なにか美味しいものは食べた？」といった具合に返答が来ますし、「最新刊の発売日だ！」といった喜びの声には「楽しみだね！」といったように共感まで示してくれます。精査すれば怪しいやり取りも見られるでしょうが、忙しいツイッターユーザーの多くは、そんなチェックをする暇はありませんので、ボットは人間であるかのごとくネットの世界に紛れてしまいます。なお、ややこしい話ですが人力ボットなるものも存在します。文字通り人の手でロボットのごとく投稿するという、形容矛盾的なアカウントです。本来のボットに加え、人による投稿を混ぜるケースもあります。

また、ボットが選挙結果に影響を与えたとする調査・論考も存在します。そのうえ、ボットのような技術により世論を形成し、利益を得ている企業の存在も報告されています。世論操作が利益となる政治のような話題の場合、ネット上の声をそのまま受け取ってはならないわけです。

研究者兼著述家のサミュエル・ウーリー氏による『操作される現実』（白揚社）では、ボットが悪用された事例が紹介されています。サウジアラビア政府を批判していたジャーナリストのジャマル・カショギ氏が、同国領事館で殺害されたとする事件の火消しとしてボットが使われたのです。

同事件後、世界中から不審な死について投げかけられた多くの疑問をかき消すかのように、数千のボットがサウジアラビア政府の潔白を主張しました。サウジアラビアを賞賛し、同事件に政府は関与していないという論陣を張った格好です。数の暴力で押し切ってしまうという古典的な戦法は、ボットを使えば実に容易く、そして効果的に展開できます。

一方、このボットやフェイクニュースという言葉そのものが、さらにネットの世界を混沌とさせた側面も否定できません。自分にとって気に食わない情報やアカウントに対して、フェイクニュースやボットであるとレッテルを貼る人々が後を絶たないのです。

精巧に加工された映像・画像によるフェイクニュースが存在する以上、あらゆる情報にフェイクの可能性が生じてしまいます。「エビデンスって重要ですか？」「一人ひとりが信じたいものを信じればよい」といった、にわかには信じがたい発言をするスマホ教徒もいますが、これもまたリアルとフェイクの判断が困難になった現代故でしょうか。

もちろん、ネットの情報は時間をかければファクトチェックができます。しかし、頭に入れる情報量が膨大すぎるため、一つの情報にかけられる時間が相当限られます。一般的なネットユーザーがチェックするのは容易ではありません。ファクトチェックをする第三者的な機関にしても、その組織を信頼できるのかという問題がついて回ります。

信頼とは大変に恣意的な尺度であり、方々に存在するネット上の閉鎖空間ごとに大きく異なります。確証バイアスも相まって、自分たちが信じたい情報をフェイク扱いされれば、たちまちその第三者機関は信用に値しないと判断されるでしょう。ここでもまた、決定的な解決策は見えてきません。

将来的には、ＶＲ等を用いた仮想空間にて、より効率的に世論操作をする方法が生み出されると推測されます。法的・倫理的にグレーな部分をも最大限活用し、世論形成・支持者獲得を画策する政治組織の現状を鑑みれば、現在・未来におけるネット上の技術が悪用されないはずがありません。

そのような未来の選挙戦は、場合によっては逮捕されなければ何でもありの様相を呈します。専門的な知見・ノウハウを携えた人々が金と時間をかけ、情報戦を仕掛けてきます。市井の私たちではまるで勝負になりません。とりわけネット上では、政治に関する正確な情報を得ようとするのは危うい行為だと自覚する必要があります。

そして危険な世直しのリスクが生まれる

ネット・ネトスピ・陰謀論のそれぞれは、点と点を繋げやすくする性質と、自己を絶対化してしまうという特徴を持っています。

ネットは、複雑な現実を過度に抽象化・先鋭化してしまいます。完全な悪として認識された政治家と、これまた一大事と見なされた出来事という二つの点は、巨悪である政治家の仕業に違いないという見えない補助線で繋がるわけです。いわゆるネット右翼・左翼の世界では、日常茶飯事です。

この場合、抽象化・先鋭化された点Aと点Bだからこそ、二つは容易に繋がるのです。これが、複雑さを内包した総体Aと総体Bであれば、そうやすやすと結び付けることはできません。どんな人物（政治家）や出来事も、大抵の場合、功罪相半ばするように複雑で多面的であるという当然すぎる事実は見過ごされてしまいます。

また、抽象化・先鋭化の帰結として、極端な善悪二元論に陥りやすくもあります。必然的に、善として先鋭化した自分たちを絶対化することで、理性的な反対意見は悪からの攻撃であると判断します。当然、対話や議論は成立しません。

ネトスピは、どんな点と点でも大いなる直感で繫げてしまうという、極めて強力な武器を提供します。その世界に君臨するカリスマ的存在が、点と点を繫げ教徒たちに訓示することもあります。真実を知った目覚めし者として、普通の人には見えない世界がありありと見えるのです。エクササイズ等により神秘体験・成功体験を重ね、神や宇宙といった人知を超えし存在と繫がった途端、たちまち自己を絶対化してしまうでしょう。自己絶対化の観点からすれば、ネトスピの危険性はいくら強調してもしきれないほどです。

陰謀論は、そもそも点と点を繫げるのが基本です。全てが繫がったときの高揚感を知る彼らは、ネット上で形成される偏狭な世界と簡単に混ざり合っていきます。ネトスピ同様、数少ない世界の裏側を知った者として選民意識が醸成されるほど、ますます点と点を繫げようとすることでしょう。

点と点を繫げ、そして自己を絶対化させる性質を有していた三者が、スマホ全盛時代において混ざり合ってしまう。そして、変幻自在に事実と事実が繫がり奇々怪々な世界観が形成され、しかもそこにいる自分たちを絶対化してしまう。ここに、スマホ教の最大の危険性があります。

その世界観が自分たちの精神世界に留まっていればよいのですが、Qアノンのように外部へ訴えかけるものになれば、必然的に世俗の世界観との間で衝突が起きます。

しかし、自己を絶対化している彼らは、決して自分たちが間違っているとは思いません。それどころか、これほどまでに世俗は汚れ切っているのかと考えることでしょう。だから、受け入れられない自分たちの主張ではなく、社会を変えようと画策します。堕落しきった社会の法など守る価値がないとみなされれば、それは非合法活動に発展するでしょう。ここに、違法・脱法行為すら厭わない、危険な世直しのリスクが生まれます。

スマホ教とオウム真理教

危険な世直しのリスクと聞くと、オウム真理教による救済を連想する方も多いと思いますので、ここでスマホ教とオウム真理教を比較しておきます。

まず、勧誘の方法に相違があります。

スマホ教の場合、幅広く勧誘をする投網式で信者を獲得しています。これは第4章でも改めて論じますが、人々にとって心地よい世界観（物語）を自分たちで作り、そして拡散していくことで、それに共鳴する信者もまた増やしていくわけです。

オウム真理教も、投網式に幅広く勧誘をしてはいました。書籍・雑誌・テレビ等々を駆使した、実に多岐にわたる活動が見られます。

しかし、幹部候補生への勧誘に熱心だった点が異なります。灘高校から東大理科三類（＝医学部）現役合格という金看板を持つ富永昌宏をリーダーとする学生班を組織し、優秀な学生を獲得していったのです。オカルトブームや、一部の人々には真実味のあったノストラダムス現象が後押しする形で、このリクルート活動は一定の成功を見ました。

麻原彰晃に備わっていた能力もまた、その成功に一役も二役も買いました。各大学で開かれた講演会にて、麻原は将来有望な学生たちを魅了してしまったのです。

> 講演が終わった後に質疑応答がある。麻原と京大生との問答が始まる。その時会場には、妙な熱気と興奮が生じ出していた。それはまるで、プロレスの会場で観客が盛り上

がるのに似ている気がした。質問と回答の内容はよく覚えていないが、学生の学部や専攻に見合ったマニアックな質問も結構出ていたし、教団を否定するような疑問というより、ほとんど断定的な意見も出ていたのである。それらすべてに、麻原はほとんど間髪入れず即答する。そのたびに静かなどよめきと興奮が場内を包む。「おーっ」「すごいね」などとあちこちで声が上がる。僕のとなりでも女子学生が「すごーい」とつぶやく。しかも麻原の即答はいつものことだった。

（加納秀一著『カルトにハマる11の動機』アストラ、二〇〇〇年）

同講演会により、十人近くの京大生が入信したようです。国会議員が大学の学園祭で講演をしたとて、十人もの学生が後援会に入るなどという状況はかなり想像しにくいものがあります。世相がオウム的なものを求めていたとはいえ、麻原には人を惹きつける卓抜した力があったのでしょう。

信州大学大学院にて測地天文学を専攻していた高橋英利もまた、講演会でオウムに魅入られてしまった一人でした。彼が著した『オウムからの帰還』（草思社）には、麻原との質疑応答を通じ高揚していく様子が描かれています。麻原から投げかけられた「高橋君。きみの求めているものは、おそらくきみのやっている科学では得られない」という言葉は、悩みの核心を突いていたのでしょう。同日夜、彼は入信を済ませています。

教義や世界観についても、スマホ教とオウム真理教ではかなりの違いが見られます。

そもそもスマホ教の場合、確たる教義が存在するのかさえ怪しい。具体的な組織としてネット内外で活動する各団体にせよ、オウム真理教のそれと比べれば、極めて簡素な教義らしきものしかありません。

スマホ教では、大多数の一般的な教徒の琴線に触れたか否かが、教義や世界観の形成における鍵になります。組織の幹部やインフルエンサーの投稿が、即座に組み込まれるとは限りません。仮にその他大勢の教徒による書き込みだとしても、ひとたびバズれば、たちまち教義や世界観に影響を与えるでしょう。そういった意味では、コントロールの難しい緩やかな組織であり、その教義や世界観の成文化が容易ではありません。

一方、オウム真理教には成文化された教義がありました。

『マハーヤーナ・スートラ』（オウム出版）という、オウム真理教の経典として位置づけられた本があります。教義、修行法、麻原と信者による質疑応答、解脱した信者による修行と成就前後の様子が記載されたもので、その内容は難解な専門用語で満ちています。私自身、同書を読解するため、宗教学者の島田裕巳による『オウム　なぜ宗教はテロリズムを生んだのか』（トランスビュー）をはじめとした参考文献を必要としました。スマホを動かしていれば理解できるといった、お手軽なものではないわけです。

同書にて麻原は「成就というのは、その入口に入った状態」と説明します。つまりこれは、新しい修行のステージに入ったということです。

当時オウム真理教では、四向四果にはじまり、ラージャ・ヨーガ、クンダリニー・ヨーガ……マハーヤーナと、八つの修行ステージに分かれていました。戒律により日常生活が制限されるなか、ストイックな修行の日々を重ねるほどに、どんどんステージが上がるという図式です。麻原は、マハーヤーナに到達した最終解脱者と位置付けられました。

修行によって、信者たちは次々と強烈な神秘体験をしていきました。麻原の指導によりクンダリニー・ヨーガの成就を果たしたケイマ大師こと石井久子は、その神秘体験を次のように語ります。

快感が走る。震動する。しびれる。そして、太陽の光のようにまぶしく、ものすごく強い、明るい黄金色の光が頭上から眼前にかけて昇った。
金色の光が、雨のように降りそそいでいる。そして、その光の中で、私は至福感に浸っていた。
この太陽は、その後何回も昇り、そして最後に黄金色の渦が下降し、私の身体を取り巻いた。

このとき、私は光の中に存在していた。いや、真実の私は光そのものだったのだ。その空間の中に、ただ一人私はいた。ただ一人だが、すべてを含んでいた。真の幸福、真の自由は、私の中にあった。真実の私――。

（麻原彰晃著『マハーヤーナ・スートラ』オウム出版、一九八八年）

こうした強烈な神秘体験の報告もまた、信者たちをストイックな修行に向かわせたのでしょう。そして実際に神秘体験をすることで、麻原への帰依を深めていきました。
世俗を捨て、難解な教義を読み解き、懸命に修行の日々を送る。現世利益を追求する既存宗教では満たされない人々が、現世否定的なものに惹かれ解脱を目指していく。豊かさを目指し、そして達成されたが故に自明の目的が消えた時代にあって、そもそも人生とは何かを真面目過ぎるほど追求した姿が、そこにはあったのかもしれません。事件発覚前、そんな教団と信徒を好意的に受け止めた宗教学者や知識人は、決して少なくありませんでした。

その一方、スマホ教もまた、誰でもネット上にアクセスできるようになったという時代を反映しています。つまり、スマホに夢中になってしまう人々であれば、全員が魅入られる可能性があるわけです。その勧誘方法が投網式に偏ってしまう事情も併せれば、スマホ教団はオウム真理教と比べ、とても庶民的な組織だと言えます。

その他にも、出家もなく気軽に参加できることや、資金源や実働部隊の組織化が不十分であるため、ネットの外で大それた活動がしにくいこと、活動実態が把握しにくいことも相違点として挙げられますし、ネット上故に教徒の経歴・能力が分かりにくく適切な人事ができないという難点も抱えています。しかし、ネットの外でも拠点を持ち活動が展開されれば、こうした欠点が解消される可能性は十分にあります。

さて、ネット上だから経歴・能力が分かりにくいのは、教祖やリーダー・インフルエンサーも例外ではありません。その仮面を取ってみれば、ネット上の姿とは似ても似つかない人物であったなどという話はよくあることです。

かつて十四万人以上のフォロワーを誇った某インフルエンサーは、東大卒・収入が数億円超・高級タワーマンション住み・海外留学経験あり等々、輝かしい経歴を披露していましたが、その過激な書き込みが名誉棄損訴訟を引き起こし話題となった結果、週刊誌にロックオンされてしまい、その経歴が虚偽にまみれていたことが明らかになりました。彼は集合住宅で両親と同居する、平凡な若者だったのです。

宗教指導者がある種の虚像を演出し、カリスマを有した人物と認められる必要性がある点は、ネットの中でも外でも同じです。ただ、ネット上では先鋭化・抽象化のプロセスにより、まるで質点のように純化された存在になりやすい一方、ネットの外ではありのままの総体で虚像を演じるしかありません。その難しさはネット上とは比較にならないでしょう。スマホ教とオウム真理教の比較については、改めて第５章で論じたいと思います。

第4章　スピリチュアルと陰謀論が出会うとき——禁断の魅力を持つスマホ教

オルグのしやすいネット社会

『オルグ学入門』（村田宏雄著・勁草書房）という、一九八二年に出版された本がありま す。オルグとは、組織を拡大すべく展開される勧誘のことです。学生運動の時代に広く使われた言葉で、もはや死語に近い表現かもしれません。同書もまた、その内容にカビが生えていて、現代では全く使えない代物のように思えます。

しかし、決してそんなことはありません。同書や旧来的な選挙活動から見えてくるのは、ネット社会が極めてオルグのしやすい社会であるということです。オルグするうえでの数々の苦労は、ネット社会がたちまち解決してくれることでしょう。それほどまでに、ネットの持つ機能は革新的です。より正確に言えば、スマホ普及率が九〇％を超えた現代だからこそ、ネットは革命的な力を発揮するようになったのです。

たとえば、従来的な方法であれば、オルグの対象者を探すのだって一苦労です。人々が集まる社交場にわざわざ足を運び、巧みな話術で信頼関係を徐々に構築するだけでも簡単ではないのに、ここからさらにオルグに持ち込むのですから、その難しさは並大抵のことではありません。

政治活動だってそうです。一軒一軒地道にベルを鳴らし、時には邪険に扱われつつもポストに後援会に関するチラシを投函。業者に依頼したいところですが、懐事情を考えればそうも言ってはいられません。もちろん、革靴をすり減らしつつチラシを配ったとて、後援者を獲得できるとは限りません。

他方、スマホ教では大分様相が異なります。

スマホ教に関心を持ちそうな人は、勝手に向こうからやってくるからです。自分の意思でスマホ教が渦巻く閉鎖空間に近づくこともあれば、ネットのアルゴリズムが誘導することもあるでしょう。組織に関心を持つ絶好のオルグ対象者が自然と集まるのですから、これは革新的な変化です。地道に社交場でネットワークや信頼関係を構築しオルグの対象者を見定める必要もありませんし、下手な鉄砲も数撃ちゃ当たる方式でチラシを投函しまくる必要もありません。

　一方、そんなふうに人気を博するのはごく一部であり、ネット上で人を集めるのもそう簡単ではないとする意見もあると思いますし、それは正論です。こぞってネット上での宣伝に皆が勤しむ今、易々と人気を得られるなんて美味しい話はそうそうありません（金とノウハウのある、手段を選ばない不心得者であれば話は別ですが）。

　しかし、今問題にしているのはそこではありません。ここで重要なのは、あくまでもオルグされる対象である、私たちの視点です。

　これまでであれば、いかに魅力的な世界観を携えオルグしようとする人たちがいたとしても、それが届く範囲は極めて限られていました。選挙区の範囲に留まることもあるでしょう。受け手の側からすれば、自分にとって最適な世界観と出会うのは困難でした。

ところが、ネットの世界であれば、原理的に言えば全ての人が全ての世界観にアクセス可能です。しかも、ひとたび人々の心を摑めば、その世界観はあっという間に拡散します。多くの人々にとっての最適解が、これまでよりも随分と容易に見つかるのです。

　みんなが望む世界観に簡単にたどり着ける。一見すると素晴らしいことですが、これほど恐ろしい話もなかなかありません。

何故ならば、それは「国民の願望が叶いすぎる社会」の到来を意味するからです。ネット社会とは、国民の願いが際限なく膨張する空間のことです。

願望が反映されすぎる世界は危険

容易にアクセスできるだけではありません。その世界観は、私たち一人ひとりの手で作ることさえ可能です。Qアノンの誕生時、Qを名乗る人物による謎めいた書き込みに対し、推測に推測を重ねることで世界観が形作られていったようにです。

スマホ教の世界では容易に点と点が繫がります。刻々と発生する事件をも取り込み、しかもそこに人々の願望が取り入れられていきます。事実と事実を強引に繫げるため、そこに自分たちの願望が投影されるのは至極当然です。

たとえば、ロシアとウクライナ間で生じた戦争について、ウクライナを絶対悪と見なすよう変貌を遂げた世界観です。トランプ前大統領に心酔し、そしてトランプ前大統領とプーチン大統領の関係が良好だと見なしたスマホ教徒からすれば、ロシアを悪とする世界観を望むはずがありません。しかし、一方でロシアが隣国に軍事侵攻しているのも事実です。しかも民間人まで攻撃の対象としている。この許されざる行為を指示している人物と、トランプ前大統領とが仲良しであることをどう理解すれば良いのか。正義の味方、トランプ前大統領が悪党と仲間だなんてことはあってはなりません。

幸いなことに、そのためのストーリーをプーチン大統領が提示してくれています。「ウクライナ政府は現在、ネオナチ勢力によって支配されている。彼らはロシア系住民の虐殺にまで手を染めている。さらには生物化学兵器や核兵器を使用するリスクもある。このような政府を看過しては、ロシアの、地域の安全を脅かす。我々はナチズムを許すわけにはいかない。だからロシアは軍を動かしたのだ。平和のためだ」

ここでもまた、事実の断片は存在します。たとえば、ウクライナ独立運動を導いた民族主義者のステパン・バンデラがナチスと連携したという断片です。が、彼を信奉する政治家がウクライナ政府にいるとは言っても、政府がネオナチ勢力に支配されているという話は強引です。

ロシアはこのストーリーに基づいたニュースを積極的に発信しました。ウクライナが「ロシア軍に殺害された人たち」として発信した動画を「検証」した結果、「よく見ると動いている。フェイクだ」といった分析を発信することもありました。

こうした主張は、ロシアやその友好国以外ではまともに相手にされなかったものの、積極的に拡散する人は日本をはじめ西側にも多くいました。動機はさまざまで、先ほど触れたトランプ前大統領のファンという人もいれば、安倍元首相のファンという人もいるのかもしれません。安倍元首相もまたプーチン大統領との友好な関係をアピールしてきた政治家の一人です。何れにせよ、願望が際限なく反映されることで、その世界はどんどん歪みながら拡散していきます。

生きる意味を見つけられない

第3章にて、人々は未知なる不安から逃れるため物語を求める旨を記しましたが、物語の効用は他にも沢山あります。人生の意味、直面している大きな困難、労働の目的といったものに対し、明快な答えを提示する物語が果たす役割は決して小さくありません。信じられる物語があるだけで、日々の生活は変わってくることでしょう。

かつて、日本には多くの人が共有できる大きな物語がありました。高度経済成長期であれば、テレビ・洗濯機・冷蔵庫の三種の神器の所有を目指し懸命に働いたように、より良き生活のため直進的に発展していくストーリーがありました。労働の意味や訪れる困難も、この物語を前に進めるためだと理由付けができたのです。一所懸命働けば、その分、給料を得ることができる、組織で出世すれば給料は増える、その結果、生活は豊かになっていく、というストーリーです。

また、日本社会や共同体に存在していた神話・慣習・掟・伝統の類も同様に、人々に物語を提供していました。私は何者であり何をすべきかが、ストーリーのなかで位置づけられていたのです。「生まれた土地の人たちとのつながりを大切にして、地域社会に貢献しながら生きていく」というようなストーリーをそのまま受け入れる人が一昔前にはほとんどだったはずです。

ところが、そんな大きな物語は、もはやどこにも見当たりません。物語を信じることで得られたメリットが消え不安定になった私たちは、世界観を求め苦悶することになります。私たちは自分たちの手で、自分たちが納得する物語を形成する必要に迫られているのです。

しかし、それは現代人への過剰要求にも思えます。アンパンマンの主題歌に「なんのために生まれて　なにをして生きるのか　こたえられないなんて　そんなのはいやだ」とありますが、そんな胸の内に応える物語を自力で作るなんて芸当は、果たして万人ができることなのでしょうか。

本を読み、思索に耽り、対話を重ね、数多くの経験をし、そして物語を自力で構成するというアプローチは正攻法です。でも、随分と知識人的な方法でもあります。

一方で、物語を放棄し、今この瞬間を楽しめればよいとする刹那主義的な生き方も一案ではあるものの、そこまで割り切るのもまた簡単ではありません。そして何よりも、相当危うい処方箋に思えます。

他方、ふとした偶然により見えない補助線が引かれ、たちまち物語が生まれることもあります。たとえば「被災した自分」と「自分がすべき仕事」の二つの点を「使命感」という見えない補助線で結ぶこともまた、その一例です。

使命感は、姿形が見えるものではなく、確認もできません。単なる妄想ではないかと指摘されても、「これです」と示すことはできません。

しかし、被災経験が強烈であればあるほど、その補助線はありありと実感でき、胸の中で熱く燃えたぎることでしょう。被災という困難に見舞われた事実と、それに伴い生じる自分のすべき仕事、そして生きる意味までもが、使命感という見えない補助線によってつながり物語になるわけです。

使命感を持って仕事ができる現状について、私は幸運だと語る被災者も少なくありません。第三者からすれば不幸が降り注いだ被災者でも、物語を得た当事者からすれば、むしろ日々が充実することだってあるのです。

ビックリマンチョコで物語を消費する

それでは、ふとした偶然により補助線が引かれ、物語が形成されなければどうするのか。自力で作るのが困難である以上、物語という名の需要は行き場を失います。

かつて、評論家の大塚英志氏が展開した物語消費論では、世界観（物語）を提供するものとしてビックリマンチョコというお菓子が例示されました。

ビックリマンチョコのおまけであるシールには、キャラクターの絵とともに設定が記載されています。ビックリマンチョコ第一弾のシール「スーパーゼウス」の裏面に、「全能の神ゼウスは、すべての悪魔をねじふせるオールマイティの切り札なのだ‼／悪魔界のウワサ…大金の前では見のがす事もあったとかヨ‼」とあるように、ビックリマンワールドの断片があるわけです。そして、この断片を収集することで形成される世界観を求め、人々はビックリマンチョコを購入したのだと大塚氏は主張します。商品そのものを求めて買ったのではなく、その背景にある物語を欲したのだとする考えです。

断片を集めることで広がる世界観は、全てのシールを手に入れた後、さらに拡大することが可能です。実際の商品には存在しない、架空のキャラクターと設定を追加することで、世界観を自分で作り上げてしまうのです。架空とはいえ、ビックリマンの世界観に適合さえしていれば、本物のキャラクターとの間に本質的な違いはありません。理屈上、いくらでも世界観を拡大でき、より一層物語に浸ることができるでしょう。

しかし、物語を求める人々が、こうした世界観に魅入られるとはいっても、やはり架空であることには変わりありません。かつてあった大きな物語の、完全な代替物にはなりえないはずです。

その一方、スマホ教は違います。たとえ儚い夢だとしても、大きな物語の完璧な代替物になるのです。はたから見れば荒唐無稽なおとぎ話でも、本人たちは心の底から信じ、そしてその世界観のとおりに生きています。夢を見続けている間、彼らは確かに大きな物語を生きているのです。しかもそれは、世界観を欲する人々自らが作成した世界観なので、このうえなく心地よいに違いありません。

「この世界の目に見えないカラクリや原理を知っている私は選ばれた者である。私はその真実を多くの人に広めなければならない。敵の誘惑や攻撃を撥ね除け、政府やマスコミに洗脳された人々を目覚めさせなければならない。それこそが戦士の使命だ。いつか世界が正常になるまで」

映画『マトリックス』シリーズなどでお馴染みの設定です。

あんな映画やドラマやゲームのような世界観を信じるとは、なんて幼稚なのだろう。やはりおかしいのではないか。まともな私たちとは違うのではないか……。そんな感想を持つかもしれません。ですが、その映画・ドラマ・ゲームを消費者として支え、そして時に魅入られ世界観に没入しているのは、他でもない私たち自身です。

「……そう、アナタ、アナタのことですよ。胸がドキドキしてワクワクするでしょう」とは、先に引用した副島氏の言葉です。

もし、あの映画の世界に自分が存在したら……といった空想を、誰もが一度や二度していることでしょう。そしてその度に「胸がドキドキしてワクワク」したはずです。たとえ刹那とはいえ、私たちもまた架空の世界に浸りたいと願ったことがある以上、スマホ教徒になる萌芽があるのではないでしょうか。

スマホ教徒を異常者と見て、自分と無関係だと考えては、そこで思考はストップし、自らが教徒になるリスクが増大してしまいます。

私たちも、私たちが望むような世界観に染まるリスクがあるのだと、肝に銘じることが予防策になります。そういった意味でも、彼らを決しておかしな人扱いするべきではありません。私たちと彼らは何も変わりがないのです。

「いいね！」の嵐で信者を獲得

何らかの世界観を求める私たちに対して、スマホ教は、まさにあの手この手でその世界に引きずり込もうと画策してきます。そしてそのことは、ネットの外で展開されているオルグや選挙活動といった、同種の勧誘活動と比べればよく分かります。スマホ教のオルグは、実に強力なのです。

選挙活動の最終盤、マイク納めという大事な儀式があります。読んで字のごとく、最後の演説をした後、戦友同然のマイクを納めるというものです。

そんなマイク納めに向けて、選挙事務所は様々な準備をします。

たとえば、支持者の動員です。候補者には沢山の支持者がいるのだという印象を有権者に与えるべく、なるべく多くの人をかき集めます。演説中によく耳にする「そうだ！」との合いの手もまた、事前に打ち合わせがなされていたり、はたまたベテランの支持者が機転を利かせたりした結果だったりもします。もちろん、大げさなまでの拍手も欠かせません。たかが拍手でも、あるのとないのとでは盛り上がり方がまるで違います。

演説をする場所も重要です。抽選で場所が割り振られるシステムにはなっていませんので、早くから場所取りのためだけの人員を派遣します。なかには、場所を確保するだけで一日の仕事が終わったなんて例もありますが、それだけ重要だと見なされていると も言えます。

演出だって、大変です。暗闇のなか、候補者にスポットライトが当たるよう照明を調整したり、人気のある政治家を呼び最終演説の前にスピーチをしてもらったりと、やることは山のようにあります。数十分のマイク納め一つにしても、用意する側は実に大変です。

一方、スマホ教では、これらの準備は実に簡単にできます。

ひとたび閉鎖空間内にて、組織のカリスマやインフルエンサーが発言をすれば、たちまち「いいね！」の嵐が吹き荒れます。わざわざ支持者一人ひとりに頭を下げ動員をかけ、合いの手の依頼をしなくてもよいのです。電話で一人ひとりにお願いをし、やっとのことで幾ばくかの拍手を得られるのと比べれば、その効率性は雲泥の差です。

発信するための場所取りなんて、そもそも必要ありません。SNS内の閉鎖空間、YouTube、ブログ等々、どこでもよい。なにせ、信者（支持者）たちは熱心ですし、簡単に拡散する方法を豊富に持っています。彼らは力の限り、方々で布教してくれることでしょう。こんなに熱心で大勢の信者は、全国の候補者からすれば垂涎の的です。

演出方法も実に多様です。動画では、神秘的な映像・音楽を織り交ぜスピリチュアルな世界に誘ったり、大げさな言葉と効果音で恐怖心を呼び起こしたりと、目的に応じて様々な演出ができます。しかも、数多の動画のなかから、より人々を魅了したものがアルゴリズムにより拡散されるため、自ずと最適解が人々の目に触れるようになります。いくら名うての弁士が名演説をぶったとして、それがオフライン上ではあまりにも分が悪いのです。

スマホ教徒たちによる、動画・ブログ・SNSの書き込み等を通じた、あまりにも多くの布教活動のなかには、全く効果のないものも沢山あるでしょう。しかし、これだけ数があれば、偶然にせよ最適解とでも言える強力なオルグが存在する可能性が高く、しかもそれは先述したようにアルゴリズムにより効率的に拡散していきます。そういった意味では、スマホ教徒たちはとにかく数を打てばよいということにもなります。スマホ教徒たちに欠けるオルグのノウハウは、アルゴリズムが代替しているわけです。

混ぜるな危険！ スピリチュアルと陰謀論

ネット上には、フォロワーや視聴者の獲得数が利益になる人や組織がうごめいています。ユーチューバー・ブロガー・作家・ライター・政治家・霊感商法（スピリチュアルも含む）やマルチ商法で儲けようとする人々・信者獲得を目論むカルト等々、あげればきりがありません。なかには、スマホ教徒を食い物にして利益をあげようと企むハゲタカのような存在もいます。

彼らからすれば、世界観は単なる道具です。利益に直結するフォロワー獲得のためであれば、容易に自分が有する世界観を変えてみせます。自然な流れとして、親和性が高いと目された分野を次から次へと取り込んでいきます。スピリチュアルで金儲けを企む人々がQアノン信奉者をターゲットにしたり、作家やライターがネット右翼・左翼と反ワクチンを混ぜた世界観に基づき活動したりと、いかようにでも混ざっていくのです。

炎上商法どころか、視聴者を獲得するため違法・脱法行為をする人々が後を絶たないのですから、合法行為である世界観の変容などへっちゃらです。

とある高額の健康商品は、そんなハゲタカの存在を如実に示す一例です。スマホ教徒たちが信じるケムトレイルも解毒するとされる同商品は、高額なものでは百万円を超え、しかも購入者があちこちで確認できます。わずかな原価で製作し、スマホ教徒たちから人気が出るようパッケージングすればよいのですから、こんなに美味しい商売はなかなかありません。

スマホ教がどんどん信者を獲得すれば、商売相手もまた自ずと増えます。スマホ教内でインフルエンサーにでもなれば、相当な上客がつくことも期待できます。彼らは利益のために、スマホ教の拡大に喜んで貢献するのです。

ＳＮＳ・ブログ・動画に関しては、もはや細かい説明は不要でしょう。これだけ熱心な信者がいる以上、彼らへの迎合は利益になります。

スピリチュアルブログに陰謀論が混ざっていった例を先述しましたが、こうした現象はＹｏｕＴｕｂｅでも起きています。それも、世界観を混ぜた途端に軒並み再生数が上がっているのです。ここにもまた、再生数を稼ぐためならば、手段を選ばない人々の姿があります。

世界観を取り入れるだけでなく、彼らは一頭地を抜くべく、より過激で原理主義的な主張を展開すると考えられます。世俗との融和や妥協点を見出さない世界観では、原理主義者が優位に立つためです。

現に、スマホ教内での論争を見ていると、ほぼ原理主義者が勝っています。自己を絶対化し、世俗の人々は真実に目覚めていないのだと考える彼らとしては、世俗との融和を図るような妥協案は厳禁です。自分たちの世界観を絶対視する以上、原理主義的にならない理由はないのです。こうした構図を知ったハゲタカたちは、今後、より原理主義的に振舞うことで利益を確保していくでしょう。

論理では太刀打ちできない最強世界

スマホ教徒のような人たちはネットに洗脳されているといった主張を目にすることがありますが、その認識は正しくありません。洗脳とは、監禁・薬物・暴力といった強制的な手段を講じ、思想信条を改造する行為を指すからです。そうではなく、彼らはマインドコントロールにかかっているのです。洗脳とマインドコントロールは同一に論じられがちですが、別物です。

長年にわたり、その被害者を救済してきた弁護士の紀藤正樹氏が著書『決定版　マインド・コントロール』（アスコム）にて「物理的な意味での身体的拘禁や拷問を用いず、当人が操作されていることとさえ認知しないような状態で、個人のアイデンティティを別のものに導くテクニック」と説明しています。

スマホ教徒になるうえで、誰も監禁・薬物・暴力などは用いられていません。教徒たちは自分の手で真実を能動的に摑み取った結果、アイデンティティが別のものになった、つまりは覚醒したのだと考えるわけです。

それどころか、洗脳されているのは自分ではなく、国家やマスコミに騙されている他の人々だと認識します。それだけに、スマホ教徒のマインドコントロールを解くのは容易ではありません。彼らの世界観を取り崩すべく、鋭い質問を浴びせたところで徒労に終わるでしょう。

「ウクライナがロシア系住民を虐殺しているのなら、なぜそのような映像をロシアは侵攻前に公開しなかったのでしょうか」

「ウクライナが人権侵害を繰り返しているのなら、なぜロシアは国連に訴えなかったのでしょうか」

「なぜ世界を牛耳る闇の勢力の存在がこんなに簡単に明るみに出ているのでしょうか」

そんな彼らは投げかけられた疑問に対し「自分で調べれば分かります」といったコメントで頻繁に応答します。これは、支離滅裂な世界観を自分たちでさえ説明できない、ということではありません。スマホ教徒が持つ、自分で調べて真実に到達したという成功体験によるアドバイスなのでしょうが、実際に調べれば確かに分かる構造になっているのです。仮にスマホ教徒が疑問に答えるべく検索をすれば、必ずエビデンス（らしきもの）は見つかります。フェイクニュース御用達のメディアにでもアクセスして、情報を引っ張ってくればよいのです。

「ロシアが証拠映像を公開しても西側は黙殺しています」

「国連がすでに反ロシアに支配されているのです」

「実際に闇の組織に消された人もいます」

情報源が怪しいですが、そこにはスマホ教内にて明らかになった数々の真実が掲載されているため、教徒たちは公平な機関であると見なします。

それでは、なぜスマホ教内で語られる真実を信じるのでしょうか。これには、数多くの理由が考えられます。

まず、スマホ教が唯一の信頼できる居場所であるため、必然的にその閉鎖空間で提供される情報にもまた、信憑性が生まれやすいことがあげられます。仮に世界観や主義主張に疑問があったとしても、認知的不協和と呼ばれるストレスが生じることで疑念は消えていくでしょう。認知的不協和とは、自身の認知や行動に整合性がなく、矛盾が生じているときに引き起こされる不快感を指します。

唯一の居場所（の世界観）に疑問を抱くという「認知」と、それでも身を寄せ続けるという「行動」の間には一貫性がありません。このとき、「認知」か「行動」のどちらかを変えることで矛盾の解消を試みますが、往々にして人間は「認知」を変えてしまいます。そこが唯一の居場所であれば、なおさらそうでしょう。居座り続けるという「行動」を変えれば、居場所なき不安定な生活が待っているのですから、それも致し方ありません。

カルト・テロ組織・霊感商法等での常套手段でもある、閉鎖空間での断言と反復もまた威力を発揮します。それが真実であり、真実たる証拠があるとする情報を浴び続けることで、たちまち染まってしまうのです。

ちなみにですが、ネット上にはツイッター以上に閉鎖的なSNSが沢山あります。ディスコード・ラインオープンチャット・テレグラム等々、まるで雨後の筍のように出てきます。だから、いくら一つのＳＮＳを規制したとしても根本的な解決にはなりえません。規制が厳しくなり居心地が悪くなった途端、別のＳＮＳへ彼らは引っ越していくのです。新型コロナウイルスのワクチンに関する情報などでは、大手のネット企業は一定の規制をかけて、デマや陰謀論の拡散を抑制しようとしました。ある程度の効果はあったのかもしれませんが、ワクチンに関する陰謀論は消えません。

ネトスピに染まっている場合、もっと容易に自らの望む「真実」に到達します。彼らがよく使用する「自分自神」「一人ひとりが神様」「自分の内なる神」といった言葉が象徴するように、彼らは神秘体験・成功体験を経ることで、神や宇宙意思と直接通じていると考えます。または、自分の認識・心構えにより見える世界が変わるという意味では、もはや自分は神同然であり、自分中心に物事を捉えるべきだとします。

大いなる存在が裏付ける直感は、人間ごときの論理では全く太刀打ちできません。あらゆる反論を寄せ付けないという、完全なる真実に彼らは到達しています。

ＤＳやＱアノンといった見えない補助線により、陰謀論的に全てが繋がることも一因です。数々の不可解な現象が、これらの補助線を仮定した途端、綺麗に繋がり疑問点が解消されることで、全く新しい世界が一気に広がるのです。そこで得られる高揚感や選民意識は、点と点が繋がった世界の正しさを確信させることでしょう。

そもそも、歪な循環論に陥っていると見なすこともできます。循環論とは、「Aが正しいのはBが正しいから。そしてBが正しいのはAが正しいから」式の、何の説明にもなっていない堂々巡りのような論理を指します。

「日本の歴代首相のほとんどが韓国人であること（＝A）は、某メディア（＝B）が真実を報道するサイトであることから明らかだ。某メディア（＝B）が正しいのは、大手マスコミが隠している真実（たとえば、先のAのような珍説）を報じていることから明らかだ」といった具合です。

自分で調べることで、信頼できると思える（フェイクニュース御用達の）メディア・ブログ・動画等から証拠が見つかります。そしてそのメディアは、自分が信じたい「真実」を掲載しているため信頼できると考える。その真実の正しさを担保するのもまた、彼らが信じるメディアに他なりません。スマホ教内の真実はフェイクメディアが保証し、フェイクメディアの信頼性はスマホ教の真実が担保するというわけです。何れにしても、マインドコントロールされたスマホ教徒たちを説得して、事実に目を向けてもらうのは極めて難しい。

大手メディア、その道の権威、識者等々、旧来であれば信頼の対象である情報源そのものを疑いの対象や敵認定としているのですから、それらが伝えていることをいくら丁寧に説明したところで、彼らの心は動きません。

しかも、怪しい占い師や教祖がマインドコントロールしているのとは違い、スマホ教の場合、特定の誰かが意図してコントロールしているとは言い切れない点も説得を難しくしている要因です。前者の場合は、その占い師や教祖の行状によって目が覚めることがあります。オウム真理教の信者の中には、教団が凶悪犯罪に関わっていることを知って心が離れた人が一定数いました。

あえて言えば、ネトスピ・陰謀論・閉鎖空間・アルゴリズム・ハゲタカ業者等が原因でしょうが、どれか一つに特定するのは難しい。なぜなら似たような世界観、ストーリーを彼らは同時に提示しているからです。仮に特定できたとして対処するのは困難なのです。

第5章　いつも心に「アンパンマン」を——わたしたちができること

あまりにも容易に生じる神秘体験

アムステルダム大学の David L.R. Maij らによる研究"The role of alcohol in expectancy-driven mystical experiences"では、アルコールが神秘体験に及ぼす影響が調査されています。神秘体験ができるとするヘルメットを装着した百九十三名の被験者を十五分間座らせ、アルコールの有無によりどういった違いが生じるのかを確かめたわけです。もちろん、もっともらしい説明がなされただけで、このヘルメットは全くのインチキです。

被験者には、大小様々の神秘体験が見られました。震え・うずき・眩暈といった軽い体感が七八・五パーセント、不随意運動・浮遊・麻痺といった強い体感が三〇・一パーセント、時間／空間の歪み・（宇宙等との）一体感が五・六パーセント等々、症状は実に様々でした。ただし、同調査はフェスティバル開催中に実施されたこともあり、酒と薬物を併用していた者が一六・八パーセント、薬物のみを服用していた者が二・六パーセントいたことも付け加えておきます。

意外なことに同調査では、アルコール摂取は神秘体験の増加に寄与しませんでした。相関関係があったのはスピリチュアルへの関心と神秘体験であり、アルコールではなかったのです。酒を飲ませるよりも、ただのヘルメットに神秘的な力があると思い込ませたり、スピリチュアルに関心を持たせたりした方が、よほど効果があるようです。人間の思い込みの凄さと怖さを感じます。

この調査からも分かるように、ちょっとした仕掛けやキッカケさえあれば、私たちが考えるよりもずっと簡単に神秘体験は起きます。ネットの世界を眺めると、神秘体験にまつわる話がそこかしこに見つかりますが、それは特別な体験でも何でもなく、平凡な私たちの身にも起こり得る、ごく普通のことなのです。「（ネットで紹介されていた）瞑想中にずっと目を閉じていたら、突然光がパーッと広がった」「頭の中で声が聞こえる」「宇宙からメッセージが降りてきた」「ある日突然、一人ひとりが神だということが分かった」等々、スピリチュアルに傾倒する人々が集うSNS・ブログ・動画等にて、沢山の実例を確認できます。神秘体験を信じる人々が集いし空間なので、エクササイズ・日々の心がけ・印象的なフレーズ等が、先の実験におけるヘルメットと同様の役割を果たしたと整理すれば分かりやすいと思います。瞑想等のエクササイズで神秘体験をしたという報告は、このヘルメットを装着すれば神秘体験ができるとする説明とほぼ同じものです。

自分の身に神秘体験が起きたとして、決して自己を絶対化してはなりません。神秘体験はスマホ教に直結しかねないだけに、まずはこのことを肝に銘じるべきでしょう。

本章ではスマホ教への対抗策を考えていきますが、その前に、教徒たちがはまってしまう大きな要因である神秘体験について見てみようと思います。神秘体験というと、道場などで修行をしないとできないようなイメージが強いため、スマホ教とは距離があるように思われるかもしれません。しかし第2章でも見たように、ネット上の情報を実践することで、何らかの身体的な変化を経験した人は少なくありません。

また、過去の事例を見ても、ただ本を読んだだけで神秘体験をしてしまった例さえあります。オウム真理教の信者であった広瀬元死刑囚と加納秀一氏もまた、麻原彰晃の著作を読んだだけで強烈な神秘体験をしています。

この二人には、たしかにスピリチュアルへの関心がありました。しかし、オウム真理教に特段の関心があったわけではありません。あえて言えば、全くの偶然で出会った本を読んでしまい、そして神秘体験をしてしまったがために、オウム真理教に染まっていったのです。

空中浮揚を笑い飛ばせなかった優等生

弁護士の木村晋介による著書『サリン　それぞれの証』（本の雑誌社）には、とある中学生の通信簿の一部が記載されています。

「学級委員として包容力があり、統率力があり、クラス内で絶対的な信頼を得ています。学習面でも優秀で、今後が楽しみです。級友の面倒見がこんなにいい学級委員は、今までに見たことがありません。今年、健一君のような、すばらしい生徒、学級委員に出会えたことは、私にとっても幸せなことでした。やや弱腰な面があることは自分でも気をつけ、今後もますますがんばってもらいたいと思います」

この通信簿に記載された健一君とは、中学時代の広瀬元死刑囚のことです。まさに彼は、非の打ちどころのない優等生でした。

同書や『大義なきテロリスト』（佐木隆三著・日本放送出版協会）、『オウム裁判傍笑記』（青沼陽一郎著・小学館文庫）等の書籍から見えてくる広瀬元死刑囚の姿は、凶悪犯罪者とは似ても似つかない優秀且つ高潔なものだったのです。

一九六四年生まれの広瀬元死刑囚は、当時抜群の東大合格率を誇っていた御三家の武蔵高校を蹴り、早稲田大学高等学院に入学しました。大学受験に無駄なエネルギーを使いたくないとの理由からだったようです。

その後、早稲田大学理工学部応用物理学科を首席で卒業し大学院に進むと、科学者としての資質を開花させます。その才能は指導教授をして「ドクターコースへ進ませていたら、ノーベル賞級の学者になったでしょう」と賞賛するほどでした。指導教授と共同執筆した高温超伝導に関する論文は、トップサイエンスとして世界的に高い評価を受けていたのです。

自由に時間を使い才能を磨いていった高校生の広瀬元死刑囚ですが、「生きる意味」というテーマを前に解を出すことができず思い悩んでいました。こうした苦悩は思春期によく見られるもので、そう珍しい話ではないでしょう。

しかし、知性だけでなく、宗教的センスまでも群を抜いていたことが不幸を招きました。先に述べたように、彼は麻原彰晃の書籍を何冊か読んだだけにもかかわらず神秘体験をしてしまったのです。彼の弁によれば「『生きる意味』に係わる葛藤のために回心が起き」た結果、オウム真理教が提供する世界観が現実的なものに感じられたのです。

しかしながら、その奇天烈に見える世界観を受容する宗教者としての彼と、才気あふれる科学者としての彼は、どのように折り合いをつけたのでしょうか。両者は真っ向から対立するように思われます。第3章で先述したように、その教義が本格的なものに見えたとはいえ、麻原が可能だとした空中浮揚をはじめ、あまりにも非科学的に思える代物は、オウムのなかには山のようにあります。強烈な神秘体験や魅力的な教義が入信を後押ししたとしても、その後に生じる科学と宗教との衝突は避けられないはずです。

結論から言えば、彼はその知性でもって、奇想天外にも思える世界を肯定していったのです。それも、科学的な見地からです。広瀬は次のように述べています。

なお、「空中浮揚は慣性の法則に反する」という論理では、空中浮揚を否定できません。既知の物理法則を超える法則の存在は、〝論理によっては〟否定できないのです。

つまり物理法則は、それが見かけ上成立する領域（条件）が不明な部分があるのです。ですから、ある領域において現象が未知の法則に支配される可能性は否定できません。言い換えると、物理法則は常に成立するものとして定義できないのです。それは、ニュートンの運動法則を超える相対論、量子力学・場の量子論が発見されて発展してきた物理学の歴史が示すとおりです。

麻原やオウムの教義から離れた今、「空中浮揚はあると思うか」と問われれば、私は「思わない」と答えます。しかし、これは推測――〈外見として日常的な領域で起こることだから、既知の物理法則のみが成立する条件が満たされている可能性が高いだろう〉という――に基づく見解であって、論理によって厳密に導出された結論ではありません。麻原のいう空中浮揚を厳密に否定するには、麻原の空中浮揚を物理的に測定してその誤りを発見する以外に方法はありません。

「空中浮揚は慣性の法則に反する」と教授から言われたら、私は以上のように話したでしょう。

（広瀬健一著『悔悟』朝日新聞出版、二〇一九年）

広瀬が述べていることを嚙み砕くと、こういうことになります。

「麻原彰晃に空中に浮かぶ能力があるなどということは、常識で言えば考えられないことである。しかし論理的にその能力が『無い』と証明するのは難しい。否定するには、麻原ができるといっている空中浮揚を検証して、それが特別な能力ではないこと、単なるジャンプに過ぎないことを示さねばならない」

普通の人なら「そんなバカなことできるわけないだろ」の一言で終わりなのですが、真面目で教養があるゆえに広瀬は理詰めで考えてしまいました。そして知性を駆使することで「オウムの世界観は科学と矛盾しない」と、科学的見地から結論づけてしまったのです。指導教授でさえ、当時の彼を論理で説き伏せるのは不可能だったでしょう。

「相手をオルグしようとして、理論闘争を挑むことほどおろかなことはない。理論闘争を挑むということは、オルグしようとする意志を放棄するようなものである」とは、先に紹介した『オルグ学入門』に記載された警告です。ご家族や友人・知人がスマホ教徒になってしまった方々もいらっしゃると思いますが、いくら自分の知性に自信があるからといって、決して論破を試みてはなりません。広瀬元死刑囚の例が示唆するように、彼らは論戦を挑まれれば、より強力なロジックを用意して世界観を固めてしまうため、むしろ逆効果です。スマホ教徒を論破しようとする人々も沢山いますが、それで考えを改めさせた事例を、私はただの一つも知りません。

そしてまた、スマホ教徒になったご家族や友人・知人は、決して狂ってしまったわけではないことを、ここで強調しておきたいと思います。知性・徳性ともに大変に優れていた広瀬元死刑囚でさえ、ちょっとした偶然で狂信者になったのです。そしてそんな彼を、最高峰の知性を持つだろう指導教授でさえ説得ができないのですから、皆さんの声が届かないのも仕方がありません。

広瀬元死刑囚の他にも、凶悪犯罪者とは到底思えない信者たちは沢山います。裁判長から「入信する以前は、人格高潔で、学業優秀」と認められた、東大理学部から同大学院に進んだ豊田亨元死刑囚もそうですし、入信前の人格を高く評価された林泰男元死刑囚に至っては「およそ師を誤るほど不幸なことはなく、この意味において、被告人もまた、不幸かつ不運であったと言える」とまで評されています。

スマホ教徒もまた、たまたま足を踏み入れたネット上の閉鎖空間が奇怪であったという意味では、不幸かつ不運だったのです。もちろん、ご家族には何の責任もありません。

スマホ教徒を無理に論破しようとするとかえって意固地になり自分の殻に閉じこもる

可能性が極めて高いでしょう。このことは、オウム真理教などカルトにはまった信者たちの事例を見れば明らかです。

不幸中の幸いなのが、スマホ教徒がまだ、スピリチュアルへの染まり具合が十人十色であるという点です。オウム真理教であれば、信者の多くが強烈な神秘体験をしているうえに、その神秘体験を麻原がもたらしたと実感させる仕組みがあったために、麻原への帰依を深めていきましたが、そこまでのシステムはスマホ教には見られません。奇怪な世界観が偏った情報の蓄積から構成されているのであれば、その情報をシャットアウトするなり入れ替えれば棄教の道が見えてきます。しかし、強烈な神秘体験がもたらした世界観ならば、情報を書き換えるだけでは済まないでしょう。

神秘体験は想像以上に容易に生じること。そしてその魔力は、広瀬元死刑囚のような知性・人格ともに非常に優れた人物にさえ及んでしまうことを、もっと日本社会が知ることが肝要だと思います。

エリートたちをオウムへと導いたもの

無数に出版されたオウム関連本を読んでいくと、「なぜ理系で論理的な彼らが……」

といったフレーズをよく目にします。しかし、むしろこれは理系だからこそと理解するべきです。オウムが理系の学生を特に狙って勧誘したという背景もありますが、多くの理系の学生が教団に導かれていったのには、それなりの理由があります。

理系の学問は参入障壁が高いものの、一度そこを乗り越えれば途端に面白くなり、知的刺激が高まっていきます。無我夢中でペンを走らせ数式を解いていくと、極めてシンプルな原理原則から複雑な現象が説明できることが分かり、どんどんのめり込んでいく学生も多い。古典物理学における力学など、究極的には三つの原則（ニュートンの運動法則）から数学を駆使することで全ての法則を導くことができ、複雑な自然のあり様が説明され、しかも実験により実証されていきます。こうしたシンプルさと美しさ故に、自然科学の凄さを過信してしまうどころか、神の姿を見る人さえいます。

しかし、それだけ美しく表現できる範囲は、残念ながら非常に限られてもいます。しかも、その限られた世界でさえ、得られるものは仮説です。「〜すべき」という規範論は積み重なりません。規範論は価値基準の次元に属する話であり、その価値は論理の出発点にこそなれども、論理では決して導けないからです。規範論の蓄積は伝統・文化・慣習、そして宗教の類や人文知がなす役割なのでしょう。

規範論は論理的ではありません。しかし、長い歴史のなかでその意義を認められ今なお残存する（≒実験により実証され、それを覆す有力な反証がない）わけなので、おそらく社会や個人を安定させる何がしかの機能があるはず。逆に言えば、こうした規範論を蓄積せず、論理だけで世界や人生を考えるのは危険だということになります。

また、規範論がないということは、奇怪な論を否定する武器がないということでもあります。「～すべき」という論は、「～してはならない」という論と同一だからです。奇天烈な規範論もどきに対し、論理的な知に偏った理系の学生は無防備になりやすいのでしょう。

以前私は、オウム真理教の幹部が出演した『朝まで生テレビ！』（テレビ朝日）を視聴する機会を得ました。麻原彰晃、上祐史浩、村井秀夫、杉浦実が出演した「激論！宗教と若者」（一九九一年九月放送）だと記憶しています。

同番組における上祐の弁舌は流石の一言でした。後に「ああ言えば上祐」という不名誉なあだ名をつけられたような屁理屈ではなく、非常に論理的な弁が展開されたことで、オウムの修行が本格的且つ正統的なものであるという印象付けに成功していました。麻原の宗教者然とした言動もあり、パネラーや視聴者から高い評価を受けたことは容易に想像がつきました。事実、田原総一朗が著した『連合赤軍とオウム』（集英社）によると、番組終了後にパネラーたちが「麻原は本物だ」と口にしていたようです。

しかし、麻原と上祐の言葉以上に、阪大理学部物理学科にダントツで合格し、同大学院の試験もまたトップでパスした村井の発言が、私にとってはずっと印象的でした。彼は、非常に限られた科学の範囲を広げたいといった旨を主張していましたが、ここに理系出身の信者たちによく見られる、ある種の無常観を想起したからです。

なす術なく死にゆく患者、自分が生きる意味、到達しない真理といった大きな問題に対し、科学が無力であると痛感した信者たちの様子は、無数のオウム関連本でもよく目につきます。そのなかでも特に、林郁夫の『オウムと私』（文藝春秋）、早川紀代秀元死刑囚の『私にとってオウムとは何だったのか』（川村邦光との共著、ポプラ社）、広瀬健一元死刑囚の『悔悟』といった本人による手記を読むと、悩める彼らの姿がありありと浮かんできます。

彼らが抱えた問題は、科学が記述できる範囲から明らかに外れています。皮肉なことに、ありったけの時間・労力を科学に注ぎ込んでも一向に解決しないどころか、むしろ虚しさを蓄積することになりかねません。その虚しさが世俗を包み込んだ先に、現世否定的な超越世界をオウムに見てしまったと考えるのは、少し深読みのしすぎでしょうか。村井が愛読した『かもめのジョナサン』（リチャード・バック著）を読むと、世俗的な価値観を投げ捨て、よりよき生のあり様を追求した村井や信者の姿が見えてきます。

同書は、「ぼくの心境はこの本に書いてある」とし、村井から母の手に渡されていますが、豊かさの追求が自明の目的だった時代を生きた母としては、村井の生き方を理解するのは難しかったと思います。

スマホはいつでも「信じたい物語」を与えてくれる

世俗で無常観を感じた信者が、現世否定的な世界を求めた一連の動きは、物語の作られ方とその変遷を考えるうえで大変に示唆的です。

そして今、世相を反映する物語の作られ方は、スマホの普及によって新しい局面を迎えています。が、まずは他国における物語について見ていきたいと思います。

世界各国から学生や若手のビジネスパーソンが集まる、とある国際シンポジウムに参加したときのことです。私はそのとき、日本社会が成熟したが故に、日本人が未成熟になったのではという感触を持たずにはおれませんでした。

発展途上国の若者たちには、確かな物語がありました。共同主観的な真実や主体的真理があったのです。

壇上で繰り広げられる彼らの訴えには、差し迫った危機がありました。独裁政権による迫害を受けている、海面上昇により故郷が水没しそうだ、命からがら亡命してきたといったように、物語を探すなどという寝言を言う暇などない状況があったのです。言い換えれば、彼らは激烈な物語のなかに、否応なしに投げ込まれているのです。そしてその厳しい物語を生きるため、若者たちは成熟する必要に迫られたように思われました。

そんな様子に気圧されたのか、ある日本人の学生は「何に取り組めばよいか分からない」と吐露します。正直な学生だと思いつつ、そして私自身の学生時代を棚にあげつつも、この幼さは一体何なのだろうと考えずにはいられませんでした。まさに今この瞬間も危機に晒され奮闘する海外の若者がいる一方、私たち日本の学生は、何に取り組むべきかさえ分からないのです。

このことは、それだけ日本に差し迫った課題が見えにくいということでもあり、それはそれで喜ばしいことではあります。当時私は、これはない物ねだりの類だろうと思い、この件について考えるのを止めていました。成熟したように見える日本社会を、とりあえずは肯定的に捉えるべきだとも思いました。そしてそれは、歩むべき物語などなくても、現代を生きる私たちは、それなりに生を全うできるだろうという考えに他なりませんでした。ビックリマンチョコのような物語を購入し、しばしその世界に浸ったら、また世俗に戻るといった作法は、現代における人生の鋳型です。

私たちの多くは、激烈な物語に放り込まれる経験をしないし、かといって第4章で先述した大きな物語（グランド・ナラティブ）を見つけることもできません。そんな虚しい世俗に見切りをつけ、現世を超越した精神世界に物語をつくることで「生きる意味」を探るという手法もありますが、オウム真理教という前例がある以上、なかなかそこには飛び込めません。結果、先述したように物語を消費しながら生きるか、一部のフィールドで価値を共有できる小さな物語を営むか、そもそも物語の構築を放棄し刹那的に生きるかの、何れかの道が残されます。

そんななか、スマホという賢すぎる武器が、刹那的な生き方を強力に後押ししていますユーザーが気に入る情報・コンテンツが次から次へと流れ込んでくるのですから、刹那的・享楽的な日々にはもってこいです。

何もしない暇な時間があればこそ、そして人生を真正面から考えてしまうからこそ、広瀬元死刑囚のように「生きる意味」について考え込んでしまい、袋小路に入ってしまう。ならば、そんな難しい問題を棚上げし続ければよく、その手法としての刹那的な生き方もまた、決して卑下すべきでない処方箋だと思います。ディストピア小説『すばらしい新世界』（オルダス・ハクスリー著）に、「鬱かなと思ったら早めのソーマ（※合法的な麻薬のようなもの）」とあるように、生きる意味といった難題が頭に浮かべば、すかさずスマホを起動させればよいわけです。自分好みにカスタマイズされた情報・コンテンツが頭を埋め尽くし、悩みを考える隙間・時間はなくなっていくでしょう。それこそディストピアだという悩みが生じるかもしれませんが、そんな苦悩もまた、スマホがかき消してくれるはずです。が、そう楽観的なことを言っている場合でもなくなってきました。麻薬と書いたように、この処方箋がより簡単になった反面、より危険になってしまったのです。

第3章にて、客観性・実証性よりも、感情を揺さぶるような情報が強い影響力をもつ今日の状況はポスト・トゥルースと呼ばれると先述しました。こんな時代状況をスマホが加速させてしまったことは論を俟ちません。

そして現在、ポスト・トゥルースは更なる進化を遂げてしまいました。膨大なポスト・トゥルース的な情報を積み重ねることにより、ポスト・ナラティブとでもいうべき物語がネット上で形成され、しかも実社会に適用しようとするスマホ教徒が増えてしまったわけです。

いくら利那的・享楽的に生きようとしても、心の奥底では物語を求めてしまう。だからこそ、そんな消しがたい欲求に対し、あまりにも賢すぎるスマホが答えを用意してしまい、信じたい情報（ポスト・トゥルース）だけでなく、信じたい物語（ポスト・ナラティブ）まで呼び寄せてしまったのです。カメラ・ビデオ・ゲーム・電子辞書といった家電だけでなく、スマホは物語まで提供してしまいました。世界観が理想的であるほど世俗から離れ、それ故に信じることが難しくなるのでしょうが、そんな難題をスマホの賢さは乗り越えてしまったのです。まさに、スマホを利用し続けるのであれば、人は最適解としての心地よい物語を得られます。

しかしスマホは、スマホを利用していない時間については責任を持ちません。スマホの外にある世俗が崩落しようとも、一向に構わないのです。

スマホが賢いだけに、それを利用する私たちも賢さを持たないと、いつのまにかスマホの知性に人生を乗っ取られてしまいます。

自分なりの小さな物語をつくる

危険な物語による支配から逃れるためには、自分なりの物語を作っておくことが大切です。

たとえ振り返った人生が理不尽や苦難にまみれていたとしても、それを不幸の証と見なし嘆くのか、それとも物語の断片が沢山あると見るかでは、今後の人生が違ってきます。ナポレオン・ヒルの「自分次第で見たい風景を選択できる」「積極的な心構えとは『心のレンズ』だ」という言葉もまた、使い方さえ間違わなければ至言に違いありません。人生の苦難を解釈する物語を作り、そしてそこで生まれた目的を合理的・計画的に達成すべく、積極的な心構えで努力を重ねていくのです。

物語の作り方とその注意点は、スマホ教徒たちを観察すればよく分かります。人生に良くも悪くも影響を与えた出来事・言葉・人といった点を集めていき、それらを見えない補助線で繋いでいくのです。そしてこの作業は、一見すると困難だらけの人生だからこそ上手くいきます。第４章で先述した被災者と使命感の話は、その典型です。

見えない補助線とは「物事を上手く説明する見えない何か」でした。だから、説明できないもの、説明したいもの、疑問に思っていることから考えることもできます。たとえば、職場から受ける理不尽に対する疑問です。この疑問をそのままにして、ただストレスを抱えて仕事に臨むのか、それとも物語を構築してポジティブに進むのかでは、仕事に対する姿勢も大分変わってくるはずです。

このケースでは、「学習の機会」という補助線が分かりやすいと思います。

この機会を好機と捉え、どうして理不尽に感じるのか、何が理不尽なのか、どういった悪影響があるのかを積極的に学ぶ。そして、将来部下や後輩を育成する際、同様の理不尽を押し付けない良き管理職や先輩を目指そうとすれば、ここに一つの物語ができます。今受けている理不尽は、自分がよりよき管理職になるために意味があるのだと。

もっと大きく、よりよき会社・組織を作るための糧だと考えることもできますし、転職をはじめとした新たな人生へのプランを作ることもできるでしょう。どんな規模のどういった物語をポジティブに構築するかは、物語の創造者である自分次第でいかようにでも決められます。もちろん、ただ願えば叶う式だとネトスピとほぼ同じになりますので、その物語を進めるうえでの合理性・計画性と努力は必要です。

一方で、この思考法は行き過ぎると危険があります。理不尽の原因が組織的・文化的なものにあるとか、ちょっとしたコミュニケーションの行き違いにあるのではなく、ただのパワハラや暴力等の違法行為である場合には、また別途適切な対策が必要だからです。つまり、この種の即座に解決すべき問題が、物語によって覆い隠される可能性があるわけです。パワハラや違法行為をする側が物語を悪用する例も見られます。

悪意の元で創作された物語に支配される前に、自分の物語を構築しておくことは、スマホ教のみならず、リアルな世界においても身を守るための有効な対策です。

自分で物語を作っていけば、物語の作り方が分かるようになるはず。だから、広く社会で見られる物語の意図もまた、だんだん見えてくると思います。そこに悪意が潜んでいるかどうか、チェックすることも多少はできるようになるでしょう。

映画『ジョーカー』に共感した射殺犯の「物語」

しかしながら、物語は作り方を間違えることがあります。

安倍元首相殺害事件で逮捕された山上容疑者がつくった物語は、自らを「復讐を誓う解放者」と見立て、巨悪である旧統一教会を打倒し、苦しむ人々を救うというものでした。彼の言葉によれば「最低でも自分の人生を捨てる覚悟」をもって、「統一教会が信者を犠牲に築いて来た今を破壊」することだったのです。そしてそれは、「何らかの形で統一教会に関わる者、関わらざるを得なかった者（霊感商法の被害者も含む）が幸福になるには統一教会に囚われ続けることが障害になる」と考えたからでした。

孤独であった彼が、この物語をネット上で発展させていったことは想像に難くありません。山上容疑者のものとされる全ツイート・書き込みおよび、彼が閲覧したであろう論考・記事・ブログ等を、可能な限り全て目を通していくと、これまで論じてきたネットによる弊害の跡が見えてきます。家庭と人生を壊された容疑者が、旧統一教会に憎悪を抱くのは仕方がありませんが、その憎しみは際限なく膨れ上がったように思われました。

各報道や容疑者の書き込みから、彼は旧統一教会を憎む人々が集うネット空間に身を寄せていたと考えられます。そこでは、旧統一教会に関する様々な情報が記されるとともに、教団から被害を受けた人々による多くの書き込みが確認できます。

教団による悪行の数々と、それにより苦しんできた人々の痛みを知れば知るほど、激しい憎悪が更に先鋭化していく。大きさがなく質量だけがある質点のように、教団は全人類にとっての巨悪として抽象化される。そして遂には、人類史の大きな汚点であるヒトラーやスターリンと教団を同一視するに至ります。必然的に、その絶対的な悪と対峙する自分もまた善として先鋭化することで、自身の凶行さえも正当化されることになります。もちろん、旧統一教会に大きな問題があるのは明らかであり、今後検証および対策が必要なのは至極当然です。しかし、ヒトラーやスターリンと同等の存在と見たうえに、それを亡ぼすためであれば何でも許されるという認識は行き過ぎです。

ネットの世界では、人々の願望が叶えられ過ぎるとも先述しました。山上容疑者がツイートした歌や映画のなかには、彼の人生と凶行、そして世界観を連想させるようなものが目につきましたが、この一連の投稿もまた、歪んだ願望が叶えられていった軌跡だったのかもしれません。

たとえば、「この時代のこの人の輝きが永遠に残って欲しい思う（原文ママ）」との投稿にリンクされた曲は、鬼束ちひろの『月光』でした。キリスト教の異端を連想させる同曲では、腐敗した世界に堕とされた神の子である自分には、どこにも居場所がないと嘆き苦しむ心情が歌われ、他のツイートにリンクされた『レ・ミゼラブル』の囚人の歌では、十九年間もの苦しい服役生活から解放されてもなお、おまえは盗人だと看守から蔑みの言葉を投げかけられる主人公がいました。双方ともに、苦境にあえいだ容疑者の半生を投影するかのような世界観です。貧困と孤独に苛まれた主人公が、社会を恨み復讐する映画『ジョーカー』への共感も見られ、その後の凶行を暗示しているようでもありました。

孤独だった山上容疑者と社会の接点は、主としてネット空間を媒介にせざるを得ません。そこでは復讐という名の願望を最適な形で叶えるべく、憎悪が磁石となって様々なものが吸い寄せられていきます。巨悪をより憎むべきものにする情報、その悪に苦しむ被害者の嘆き、復讐を果たし被害者と自身を救うという物語を装飾する歌・映画、そして武器となる銃の製造法と材料の全てが、ネットで調達されてしまったのです。どういった思考回路を経て安倍元首相への凶行に及んだのかは分かりませんが、その準備は着々とネット上でなされていきました。

「最後になど手を伸ばさないで／貴方なら救い出して／私を静寂から／時間は痛みを加速させて行く」という『月光』の歌詞を、山上容疑者はどんな心境で聞いていたのでしょうか。

スマホ教から身を守るために

小さな物語を作るという話は、従来でも語られてきたものです。それに、物語を作るとはいっても、山上容疑者がそうであったように不幸な物語が紡がれる可能性もあります。そして何よりも、ポスト・ナラティブの性質を踏まえたものではありません。

物語消費を利用した対策にしても、ほぼ同じことが言えます。

ビックリマンチョコから生じる物語は、空想だという自覚がありました。そしてその物語に浸っている時間は限られてもいました。魅力という点でいえば、あたかも大きな物語になってしまうポスト・ナラティブには遠く及びません。ポスト・ナラティブは一部のネットユーザー間でしか共有できないものの、彼らはこの物語こそが、全人類間で共有されるべき大きな物語だと信じて疑わず、共有できない人々は政府・マスコミから洗脳されていると見なすからです。残念ながら、消費される偽物の物語では太刀打ちできないでしょう。

ネットが提供するポスト・ナラティブは、あまりにも強力すぎます。世俗で見つけるのが難しい、けれども人生における重要なピースが、ことごとく揃ってしまうのです。生きる意味、自分が果たすべき使命、家族同然の大切な仲間、崇拝できる神のような存在、そしてこれらを妨害する敵等々が、それも人々の願望を反映する形で集まり物語になっています。

このポスト・ナラティブに染まり切った果てには、世俗で過ごしてきた日々の全否定が待ち構えています。激しい衝突を余儀なくされる家族・友人・職場を放棄し、ポスト・ナラティブの世界で生きる道を選択するわけです。

しかし、既存の宗教団体とは違って、スマホ教団は衣食住を用意してはくれません。世俗を全て捨てた先に、破滅が待ち構えているのは明らかです。仮に準備してくれるスマホ教団が現れ、継続して夢を見続けることができるようになれば、それは社会にとってあまりにも悪い夢になってしまいます。

スマホ全盛の時代、いったい誰が、スマホから影響を受けずに生きることができるのでしょうか。ネットの世界はスマホ教の影響を強く受けているため、ＰＣでしかネットを使用しない人も例外ではありません。

その意味で、私たちの中にはスマホ教徒の萌芽がありますし、有している世界観もまた、スマホ教から何らかの影響を受けている可能性は十分にあります。ここに強力な神秘体験まで加わりうることも考えれば、スマホ教から完全に身を守るのは不可能に近い。

このことは、本書冒頭で例示したスマホ教徒になってしまった人々や広瀬元死刑囚からも明らかです。

こうした状況のなか必要になるのは、完全に防ぐという防災的な発想ではなく、その被害を軽減するという減災的なアプローチです。完全に身を守ることが無理であれば、せめて破滅に至る前に踏みとどまり、そして世俗での物語を速やかに再起動することが肝要のはずです。

大きな物語の喪失に呼応する形で物語消費は生まれ、それを象徴する存在がビックリマンでした。

ポスト・ナラティブへの対処法もまた、同じキャラクターもので象徴させるのであれば、アンパンマンが最適だと思います。アンパンマンも数多くのキャラクターが登場しますが、その物語が形成される過程はまるで違います。

ビックリマンの世界には、「捨てがたいピース」がありません。数多くのシールに記載された設定は、別に他の設定でも一向に構わないはずです。何なら、ランダムにシールそのものを幾つか入れ替えても、形成される物語にさしたる影響はないでしょう。ピース（設定）を積み重ねることで物語が形成されますが、これだけは捨てられないというう、核（公理）となるピースは存在しないのです。公理とは、論証なしに正しいと見なす大前提のことを指します。自明であると仮定する、物語の出発点だと言い換えてもよいと思います。

一方、アンパンマンは正反対です。アンパンマンの世界は、究極的には一つの核（公理）となるピースしかありません。そしてそのピースには、作者であるやなせ先生の人生が深く投影されているのです。

「アンパンマン」の核にあるもの

そのことを説明するためには、やなせ先生の人生に触れておく必要があります。朗らかに見えるアンパンマンの世界とは裏腹に、やなせ先生の人生には暗い影が差し込んでいます。なにせ、幼いころに父を亡くしたやなせ先生と弟を、母は親戚の家に預けてしまったうえに、再婚相手と新しい生活を始めるわけですから、傍から見れば実の母から捨てられたのも同然です。やなせ先生が幼少期に自殺を試みたように、その心は明らかに荒んでいましたし、後に京都帝国大学に進む優秀な弟の存在もあり、当時は劣等感の塊のようでもありました。なお、この低い自己評価は、幼少期ほどではないにせよ成人後も続きます。

紆余曲折あり、やなせ先生は県立高知城東中学校（旧・県立一中、現・高知追手前高校）を卒業後、一年の浪人を経て難関の東京高等工芸学校工芸図案科（現・千葉大学工学部総合工学科）に合格します。同校の精密機械科に至っては、第一高等学校（〃東大教養学部）より難しいとの声もあったようです。

城東中学校のなかで二百人中七十番くらいの成績に下がったため、自分は劣等生であると認識したようですが、同中学校は特に優秀な生徒が集まる学校です。実際、小さな学校だったとはいえ、小学校でやなせ先生はいつも首席でした。客観的に見れば、とてもではありませんが劣等生には思えません。あえて言えば、そう思えてしまうほど、当時のやなせ先生の心が病んでいたのかもしれません。『アンパンマンの遺書』（岩波現代文庫）にて、中学生活を「暗黒の時代」と評するほどなので、少なくともなかなか前向きにはなれなかったのでしょう。

東京高等工芸学校工芸図案科は、大変に自由を重んじる校風でした。やなせ先生との相性は抜群で、先生や同級生にも恵まれました。これまでの苦しかった人生に、ようやく光が差し込んだようにも思われました。が、戦争の激化とともに軍隊に召集され、輝いた青春は終わりを迎えます。やなせ先生の性格を知る親戚は、軍に馴染めるはずがないと思い、きっと逃げ出すに違いないと心配をしました。

ところが、時間が経過するごとに、やなせ先生は軍隊生活に順応していきます。居眠りが原因で十分な出世ができなくなるというトラブルが起きるものの、そのおかげで激戦地に行かずに済むという幸運もありました。その後もいくつもの偶然が重なり、やなせ先生は死と隣り合わせといった激しい戦いを経験することなく終戦を迎えるのでした。

一方、これまで順調な人生を歩んでいた弟は違いました。死が確実に待っている特攻隊員になっていたのです。

やなせ先生は、どうして特攻隊員に志願したのかと弟に迫ります。「特別任務を志願する者は一歩前に」と上官に言われた弟は、自分の意志とは反対に歩を前に進めてしまったのです。「みんなが出るのに出ないわけにはいかない」という弟の言葉に、やなせ先生は納得しませんでしたが、「行かずにはおれなかったのでしょうね」とも語りました。

終戦後、やなせ先生は正義とは何かが分からなくなりました。正義の軍隊による聖戦が、突如として侵略戦争に変貌を遂げたわけなので、それも仕方がありません。かつて、誇らしく任についていた将校たちが自信を失ったのと入れ替わるようにして、やなせ先生のような芸術畑の人たちが脚光を浴びもしました。日本に帰国するまでの間、軍隊では絵画部・俳句と短歌の会・演劇のサークルといった、戦時中では考えられなかったものが活発になり、やなせ先生は将校たちから頼られる存在になったのです。やなせ先生も脚本・演出として参加した演劇コンクールは大いに盛り上がり、やなせ先生の楽しい思い出として残りました。こうした出来事もまた、価値相対主義的な無常観をやなせ先生に与えたのでしょう。

何が正しいのか分からないという虚しさが漂う世界観は、世俗にいた頃のオウム信者と共通します。生に関する深刻な悩みを抱えていたことも相まって、両者はかなり似ているように思います。

山上容疑者もまた、やなせ先生との間に共通点を見出せます。父と兄弟が亡くなったうえに、存命の母が届かぬ所に行ってしまった点が一致していますし、自殺未遂の経験もそうです。多感な時期、孤独だった二人は絶望の只中にいました。

しかし、やなせ先生は決して、価値相対主義や虚無感に支配されませんでした。自身や社会を不幸にする物語を編むこともありませんでした。戦中／戦後でがらりと正義が変わってしまう、いい加減な人間社会にあっても、「飢えた人を助けることだけはいつでも正しい」という物語の核（公理）を、空腹にあえいだ軍隊生活を通じて発見したからです。核（公理）さえあれば、必然的に価値相対主義を持ちえないからだとも言えます。そしてその核（公理）が歪み切っていなければ、前を向いて人生を歩めるからでもあります。山上容疑者の不幸は、「旧統一教会への復讐は正義である」という憎悪に染まった核（公理）しか持ちえず、そしてそれを正してくれる誰かがいなかったことでしょうか。山上容疑者から手紙を受け取った男性が「直接来てくれれば、他にも対応の仕方があったのになと悔やまれます」と語るように、彼は最後の機会を逃してしまったように思います。

公理とは「論証なしに正しいと見なす大前提」なので、理屈なしの決断を求められますが、それ故に独善的になりやすい。自己絶対化の罠が潜むネット空間で見つけるべきものではないわけです。ネット上で真実を見つけたとか、何かに目覚めたといった感覚は、大抵の場合は危険且つ独善的な錯覚に過ぎません。

一方、世俗で見つけた捨てがたいピースを縁にして、やなせ先生はアンパンマンを描き続けました。広く知られるアニメのアンパンマンが誕生するまで、約二十年間も根気強く描いたのです。

それも、当初アンパンマンは酷評の嵐でした。初期の『アンパンマン』の絵本には、お腹を空かせた人が直接がぶりとアンパンマンの顔を食べるシーンがあり、しかも最終的には顔がなくなってしまうのですが、ここが特に問題視されました。

ところが、この〝顔を食べさせる〟シーンが、たちまち大人たちから反発を買い、散々悪評を頂戴することになりました。

「顔をちぎって食べさせるなんて、あまりにもひどすぎる。絵本というのは、子どもたちに夢を与えるものでしょ。この作者は、いったい何を考えているのかしら」

幼稚園の先生から、すぐ文句が来ました。出版社からも、

「顔を食べさせるなんて、荒唐無稽だ。もう、二度とあんな本を描かないでください」

と、ダメ押しをされ、児童書の専門家からは、

「ああいう絵本は、図書館に置くべきではない」

とまでいわれました。

（やなせたかし著『絶望の隣は希望です！』小学館、二〇一一年）

ここまで言われても、やなせ先生はアンパンマンを描き続けます。自身が編集している『詩とメルヘン』にて『熱血メルヘン 怪傑アンパンマン』という、大人向けの作品を発表する等、とにかくアンパンマンにこだわり続けます。

しかし、自身も「支離滅裂なお話になってしまった」と認めるように、同作はアニメとは似ても似つかないシリアスな展開の末、未完のまま終了してしまいました。放火されてしまうパン工場、殺人未遂の罪で逮捕された挙句に脱獄するアンパンマン等々を見るに、たしかに支離滅裂の感は否めません。もちろん大きな話題になることもなく、またしてもアンパンマンは脚光を浴びませんでした。アニメとは作風の異なる漫画もありましたが、こちらも同様です。

このように、アンパンマンの世界は生成しても、なかなか世間から認められず、幾度となくリスタートを余儀なくされています。

しかし、漫画・絵本・大人向けの作品・劇・アニメと、姿形や作風を変えて再起動しても、その物語の核（公理）は常に「飢えている人に食べ物を与えることだけは、いつでも正義である」でした。「絶対的な正義や悪はいない」も重要なテーマですが、これは先の核（公理）の言い換え乃至は、そこから論理的に導かれるものです。「食べ物を与えることだけは正しい」ならば、その他全ては正しいかどうか不明だということです。「傷つかない正義はない」というテーマにしても、絶対的な正義を想起させる格好良すぎるヒーローへの拒絶から導けます。

捨てがたいピースさえあれば、何度でもやり直せる

幼少期における父母との別れ、終戦と弟の死により、やなせ先生の人生という名の物語は二回の崩壊を経験しています。そしてアンパンマンは二度どころか何度も物語を否定され、そしてその度にリスタートさせてきました。

だからこそ、やなせ先生の人生やアンパンマンには、物語を再起動するための重要な知恵が見て取れます。たった一つだとしても、人生を前向きにする捨てがたい物語のピースさえあれば、何度でもやり直せるのだという素晴らしい見本があるわけです。

スマホ教が提供するポスト・ナラティブはあまりにも魅力的で、それは世俗にあった物語のピースを全て入れ替えてしまうほどです。しかも、今後スマホをはじめとしたオンライン端末の使用頻度が更に高まることで、ネット社会が私たちの世界観に与える影響力はますます高まっていくでしょう。

しかし、もし捨てがたいピースさえあれば、それがスマホ教への防波堤になりえます。他のピースが全て入れ替わっても、唯一つ残ったピースによって、なんとか世俗に踏みとどまることができるかもしれません。

仮に染まってしまい世俗での物語が崩壊したとしても、いつか過ちに気付き戻ってきたときには、核（公理）たるピースから再び物語を作ることができます。そしてそれは、やなせ先生が繰り返しやってきたことでもあります。

家族や友人が、どんどんスマホ教に染まっているのであれば、自分自身が家族・友人にとっての捨てがたいピースになればよいと考えることもできます。実際、スマホ教や既存カルトからの離脱に成功した事例のなかには、世俗の大切な家族・友人がキッカケであったケースが多々見られます。

自分にとって捨てがたい物語のピースを見つけ、日々大事にすること。今まさに、スマホ教に染まりつつある大切な人にとって、自分が捨てがたいピースであり続けること。

そんなところが、ポスト・ナラティブに対して私たちができる、数少ないことではないでしょうか。

おわりに

賢すぎるスマホが、人々を魅了する奇怪な物語を創造してしまう。人を惹きつける物語は需要があると見なされ、アルゴリズムが働き方々に拡散することで、奇々怪々な世界へ続く扉が際限なく増えていく。その入り口に足を踏み入れ異世界に染まったが最後、「真実に目覚めた」者たちは人格が変わり、世俗との折り合いがつかなくなってしまう。そして遂には、反社会的な行為に及ぶ者さえ現れる。

物語には、計り知れない力があります。科学や客観的な情報よりも、人々に与える影響力がずっと強いことを示す研究もあります。私自身も含め、知らず知らずのうちにネット上の物語に影響を受け、現実とはまるで異なる「真実」を、さも当然かのごとく受け入れてしまうかもしれません。

そんな物語の要諦は「語らず、示せ」にあると言われます。全てを語る（説明する）のではなく、あえて語らない部分を残し能動的な解釈を促すことで、読み手に強い印象を与える良き物語になるというわけです。

スマホ教の世界もまた、「語らず、示せ」で構成されています。その物語は突飛なうえに謎めいているため、字面だけを眺めても分からないことだらけです。が、だからこそ、自らが検索・解釈をすることで理解を試みるキッカケが生まれるのですから、「語らず、示せ」の定石を踏襲していると言えます。しかも、同様に解釈し真実に到達した同志がネット上には沢山いるため、それが独りよがりな結論であることに気付けません。

こうして本書を簡単に振り返ってみると、まるでディストピア小説のあらすじのようでもあります。そこから推測される本文は、いかにも暗い。

しかし、この物語はまだ書き始められたばかりであり、どういった過程を経て、どのような結末を迎えるのかは今後次第であることも確かです。だからこそ、「スマホの普及がディストピアのはじまりであった」と後世で語られないために、今から対策を講じる必要があるはずです。その際に、本書が少しでも役に立てれば、筆者冥利に尽きます。

著　者

【参考文献一覧】

◆C＋Fコミュニケーションズ編著『パラダイム・ブック』日本実業出版社　一九八六年
◆青沼陽一郎『オウム裁判傍笑記』新潮社　二〇〇四年
◆麻原彰晃『マハーヤーナ・スートラ』オウム出版　一九八八年
◆雨宮純『あなたを陰謀論者にする言葉』フォレスト2545新書　二〇二一年
◆有田芳生『統一教会とは何か』教育史料出版会　一九九二年
◆アンソニー・トゥー『サリン事件死刑囚』KADOKAWA　二〇一八年
◆石垣ゆうき『MMR』講談社　一九九九年
◆稲田豊史『映画を早送りで観る人たち』光文社新書　二〇二二年
◆田中信一郎ほか『日本を壊した安倍政権』扶桑社　二〇二〇年
◆架神恭介、辰巳一世『完全教祖マニュアル』ちくま新書　二〇〇九年
◆漆原直行『ビジネス書を読んでもデキる人にはなれない』マイナビ新書　二〇一二年
◆江川紹子『「カルト」はすぐ隣に』岩波ジュニア新書　二〇一九年
◆エスター・ヒックス、ジェリー・ヒックス（吉田利子訳）『引き寄せの法則』SBクリエイティブ　二〇〇七年
◆大治朋子『歪んだ正義』毎日新聞出版　二〇二〇年
◆大塚英志『定本　物語消費論』角川文庫　二〇一〇年
◆尾形守『ニューエイジムーブメントの危険』プレイズ出版　一九九六年
◆小川洋子『物語の役割』ちくまプリマー新書　二〇〇七年
◆樫尾直樹『スピリチュアル・ライフのすすめ』文春新書　二〇一〇年
◆加納秀一『カルトにハマる11の動機』アストラ　二〇〇〇年
◆川尻徹、週刊プレイボーイ特別取材班『滅亡のシナリオ』祥伝社　一九八五年
◆紀藤正樹『決定版　マインド・コントロール』アスコム　二〇一七年
◆木村晋介『サリン　それぞれの証』本の雑誌社　二〇

一五年
◆キャメレオン竹田『神さまとつながる方法』日本文芸社 二〇一九年
◆小池靖『テレビ霊能者を斬る』ソフトバンク新書 二〇〇七年
◆佐木隆三『大義なきテロリスト』日本放送出版協会 二〇〇二年
◆佐藤優『プーチンの野望』潮新書 二〇二二年
◆サミュエル・ウーリー（小林啓倫訳）『操作される現実』白揚社 二〇二〇年
◆シーナ・アイエンガー（櫻井祐子訳）『選択の科学』文藝春秋 二〇一〇年
◆島田裕巳『オウム』トランスビュー 二〇〇一年
◆辛酸なめ子『スピリチュアル系のトリセツ』平凡社 二〇二〇年
◆鈴木啓介『はじめてのチャネリング』ビジネス社 二〇一〇年
◆スピリチュアルａｋｉｋｏ『思いどおりにぜんぶ叶えてくれる潜在意識の魔法』ＫＡＤＯＫＡＷＡ 二〇二一年
◆副島隆彦『陰謀論とは何か』幻冬舎新書 二〇一二年
◆ターリ・シャーロット（上原直子訳）『事実はなぜ人の意見を変えられないのか』白揚社 二〇一九年
◆高橋英利『オウムからの帰還』草思社 一九九六年
◆田原総一朗『連合赤軍とオウム』集英社 二〇〇四年
◆千野帽子『人はなぜ物語を求めるのか』ちくまプリマー新書 二〇一七年
◆東畑開人『野の医者は笑う 心の治療とは何か？』誠信書房 二〇一五年
◆内藤陽介『誰もが知りたいＱアノンの正体』ビジネス社 二〇二一年
◆ナポレオン・ヒル財団アジア／太平洋本部編（田中孝顕監修）『【愛蔵版】図解 思考は現実化する』きこ書房 二〇〇五年
◆日本脱カルト協会（ＪＳＣＰＲ）編『カルトからの脱会と回復のための手引き《改訂版》』遠見書房 二〇一四年
◆早川紀代秀、川村邦光『私にとってオウムとは何だったのか』ポプラ社 二〇〇五年
◆林郁夫『オウムと私』文藝春秋 一九九八年
◆広瀬健一『悔悟』朝日新聞出版 二〇一九年
◆フリッチョフ・カプラ（吉福伸逸、田中三彦ほか訳）

『タオ自然学』工作舎　一九七九年
◆毎日新聞社会部編著『冥い祈り』毎日新聞社　一九九五年
◆美湖『ネオスピ！！！』KADOKAWA　二〇二一年
◆村田宏雄『オルグ学入門 新装版』勁草書房　二〇一一年
◆やなせたかし『アンパンマンの遺書』岩波現代文庫　二〇一三年
◆やなせたかし『人生、90歳からおもしろい！』新潮文庫　二〇一二年
◆やなせたかし『絶望の隣は希望です！』小学館　二〇一一年
◆やなせたかし『だれも知らないアンパンマン』フレーベル館　二〇一六年
◆やなせたかし『天命つきるその日まで』アスキー新書　二〇一二年
◆やなせたかし『ぼくは戦争は大きらい』小学館　二〇一三年
◆やなせたかしほか『やなせたかし　みんなの夢まもるため』NHK出版　二〇一四年
◆やなせたかし『やなせたかし大全』フレーベル館　二〇一三年
◆やなせたかし『わたしが正義について語るなら』ポプラ新書　二〇一三年
◆山本弘『トンデモ ノストラダムス本の世界』洋泉社　一九九八年
◆『新しい技術・家庭　技術分野　未来を創る Technology』東京書籍 二〇二一年度版

物江 潤 1985（昭和60）年福島県生まれ。早稲田大学理工学部卒業後、東北電力に入社。2011年2月退社。松下政経塾を経て、現在は地元で塾を経営する傍ら、執筆に取り組む。著書に『ネトウヨとパヨク』等。

Ⓢ新潮新書

972

デマ・陰謀論《いんぼうろん》・カルト
スマホ教《きょう》という宗教《しゅうきょう》

著 者 物《もの》江《え》 潤《じゅん》

2022年11月20日 発行

発行者 佐 藤 隆 信

発行所 株式会社 新潮社

〒162-8711 東京都新宿区矢来町71番地
編集部（03）3266-5430 読者係（03）3266-5111
https://www.shinchosha.co.jp
装幀 新潮社装幀室

印刷所 錦明印刷株式会社

製本所 錦明印刷株式会社

ISBN978-4-10-610972-0 C0236

価格はカバーに表示してあります。